Histórias de ver e andar
Teolinda Gersão

Histórias de ver e andar
Teolinda Gersão

Da minha língua vê-se o mar.
Vergílio Ferreira

Histórias de ver e andar
Teolinda Gersão

Publicado em Portugal por
Sextante Editora
www.sextanteeditora.pt

© Teolinda Gersão, 2002
© Porto Editora, 2015

Design da capa: Blue Hub Design

1.ª edição: Setembro 2002
2.ª edição: Novembro 2002
3.ª edição: Outubro 2015

Sextante Editora é uma chancela da
Porto Editora
Email: editorial@sextanteeditora.pt

Reservados todos os direitos. Esta publicação não pode ser reproduzida, nem transmitida, no todo ou em parte, por qualquer processo electrónico, mecânico, fotocópia, gravação ou outros, sem prévia autorização escrita da Editora.

Nota do Editor: Por decisão da autora, o presente livro não segue o novo Acordo Ortográfico.

Distribuição **Porto Editora**

Rua da Restauração, 365
4099-023 Porto | Portugal

www.**portoeditora**.pt

Execução gráfica **Bloco Gráfico, Lda.**
Unidade Industrial da Maia.

DEP. LEGAL 397304/15
ISBN 978-989-676-142-4

A **cópia ilegal** viola os direitos dos autores.
Os prejudicados somos todos nós.

Índice

Segurança   9
A dedicatória   23
Quatro crianças, dois cães e pássaros   31
Big Brother isn't watching you   37
As laranjas   47
A velha   51
Uma orelha   59
A visita   71
Noctário   75
A defunta   83
Bilhete de avião para o Brasil   89
Natureza-Morta com Cabeça de Goraz   99
As cartas deitadas   107
O leitor   119

*Para o Pedro, o Duarte
e a bisavó Tê*

Segurança

Enquanto não soubera o resultado da análise, fizera um voto: daria um milhão de dólares a uma instituição de caridade, se o resultado fosse negativo.

Na hipótese positiva, o diagnóstico seria cancro. Mas, depois de falar com o psiquiatra, que lhe aumentou a dose habitual dos ansiolíticos, esforçou-se por nem sequer pensar nisso: afogou-se em trabalho, foi ao cinema ver filmes de que depois não recordaria nem o título, adormeceu várias vezes com a TV ligada, telefonou para linhas de ajuda, contando histórias parecidas com a sua, sem se atrever a nomear o possível veredicto. Dizia quando muito: «doença maligna», ou: «doença prolongada». Por vezes teve a sensação de que a voz, do outro lado do fio, o tomava por seropositivo.

Na última noite em que ligou pareceu-lhe que o interlocutor não o acreditava, quando ele falava simplesmente em medo, tomava o que ele dizia como uma situação de facto e procurava levá-lo a encará-la de frente. O que em nada o ajudava, achou desligando com um gesto brusco: não queria ser confrontado com algo que não existia. (Que *ainda* não existia?)

Deixou de telefonar e tudo ficou mais difícil. Numa das noites bebeu quase uma garrafa de uísque. Na manhã seguinte sentiu-se tão mal que telefonou à secretária:

Não iria ao escritório nessa manhã e não queria ser incomodado. Não, não precisava de nada, gritou-lhe, não o ouvira dizer que não queria ser incomodado? Ou estava surda?

Tinha as mãos a tremer quando abriu o envelope. Negativo.

Leu várias vezes a folha de papel, do princípio ao fim, como se não entendesse as palavras. Depois começou a rir, esfregando as mãos, meteu o envelope no bolso e foi tomar um uísque no bar da esquina.

Era um homem novo quando reentrou no escritório. O seu vestido tem uma cor bonita, disse à secretária, com perfeita consciência de mentir.

Abriu a janela e respirou profundamente, olhando lá em baixo o trânsito da rua. A vida continuava, aquele ruído era o pulsar da cidade, do mundo. De que ele não fora excluído.

Só depois de fechar outra vez a janela, quando de novo se sentou à secretária, se lembrou do voto. Mas agora ele pareceu-lhe absurdo. Debaixo de tensão as pessoas prometiam não importava o quê. Pensaria nisso depois, de cabeça fria.

Mergulhou no trabalho alegremente. Apetecia-lhe assobiar, e pouco faltou para fazê-lo. O trabalho rendeu-lhe como há muito não lhe acontecia. Ao fim da tarde entrou no ginásio dez minutos mais cedo e bateu as bolas de *squash* com redobrada força. Entrou a cantar na cabina de duche.

Foi meses depois que teve o sonho: caminhava algures e era assassinado.

Era um sonho que apenas durava alguns segundos. Não parecia ser anunciado por nada, não havia um clima de tensão específico, era apenas assim, ele seguia algures caminhando, numa situação normal, e era assassinado. De súbito, uma agressão abatia-o.

– Deixou-me uma impressão muito forte, contou ao psiquiatra quando o sonho voltou, pela segunda vez. Acho que é um sonho recorrente.

– Hum, ouviu como resposta, na cadeira de orelhas situada ligeiramente atrás da sua. Houve um longo silêncio, antes da pergunta:

– Por que razão você seria assassinado?

– Não sei, respondeu. Não tenho culpa de nada.

(Apenas não cumpri uma promessa, ocorreu-lhe. Estou a dever um milhão de dólares.)

Calou-se a tempo, no entanto. O psiquiatra não deveria saber que ele se propunha desperdiçar assim à toa um milhão de dólares. Aumentar-lhe-ia de imediato o preço das consultas, que já era exorbitante, mas no entanto não subia há seis meses. Os psis tinham com o dinheiro uma relação obscena. Cada segundo, cronometrado, era pago a peso de ouro. Aparentemente, o paciente devia comprar os progressos, o esforço económico era parte do tratamento. Magnífico. O que significava que a ganância de Freud abrira um precedente, e os discípulos se precipitavam alegremente atrás dele. De consciência limpa, já que esfolar o paciente era terapêutico. O Mestre decretara.

Hum, disse por sua vez consigo mesmo. E, sem precisar do psiquiatra, reparou que ele próprio estabelecera uma ligação entre o dinheiro não enviado e o sonho.

Mas não havia ligação, era apenas uma ideia que lhe viera à cabeça. Não desprovida de lógica, mas de uma lógica infantil, certamente ingénua: alguém recebe um bem, e decide por isso praticar outro bem. Como se confirmasse a justiça, ou a ordem, do mundo.

Mas não havia ordem nem justiça no mundo. Ele não merecia, por exemplo, ter perdido a família. Mas a mulher quisera o divórcio e ficara com os filhos. Ele aceitara uma coisa e outra, até porque não podia encarregar-se deles, tinha muito pouco tempo disponível. Não esperava contudo que se afastassem tanto. Tinham-se tornado quase desconhecidos e agora que tinham crescido raramente os via. Apesar de ele nunca lhes faltar com nada. Dera ordens ao banco para enviar a mensalidade, e o banco era pontual como um relógio. E também nunca se esquecera dos aniversários, encarregara a secretária de marcar na agenda e de enviar telegramas de felicitações, flores à ex-mulher e brinquedos aos filhos, e depois outros objectos, conforme a idade. A secretária escolhia bem, porque eles pareciam contentes. Ano após ano enviavam-lhe cartas de agradecimento, sempre iguais.

Ele não tivera isso, um pai que lhe enviasse mensalidades e presentes. Ganhara todos os cêntimos sozinho. Mas ninguém parecia reconhecer esse facto nem admirá-lo por isso. Muito menos ficar-lhe grato. Nem mulher, nem filhos, nem amantes.

Com as amantes, sobretudo, mais do que com as mulheres legítimas, era preciso ser prudente. As mulheres confundiam sempre dinheiro com afecto. Dinheiro ele tinha, não porque a vida lho desse, porque nada era dado de graça, mas porque tivera o talento de ganhá-lo. Mas não pensassem que estava disposto a comprar afecto. Muito menos fingido. As mulheres fingiam muito.

Até perceber que mal precisava das mulheres, das mulheres fixas pelo menos, bastavam-lhe aventuras ocasionais. Que, depois do alastrar da sida, se tornaram cada vez mais raras, porque os preservativos não ofereciam segurança. Ele, pelo menos, não confiava.

– Acha que os preservativos oferecem total segurança?, perguntou.

– E você o que acha?, respondeu o psiquiatra.

Era sempre assim, aquele homem sentado no *maple* de orelhas respondia às perguntas dele com outras perguntas, ou devolvia-lhe as suas. E agora o tempo da consulta acabara. No meio de uma frase, se fosse caso disso, era mandado embora.

Pelo menos a sessão terminara no plano sexual, ele desviara-a habilmente do tema do dinheiro, que não queria trazer para a conversa. Fala-se numa cifra e eles tomam-nos logo por Bill Gates, pensou, já na rua, e de novo lhe ocorreu o milhão de dólares.

– Tire umas férias, tinha-lhe dito o generalista. O seu problema é excesso de trabalho. Talvez estivesse certo, o generalista. Há quantos anos não tirava férias?

– Marque-me uma semana, disse à secretária. Algures, num

lugar agradável, não demasiado caro. Não sou Bill Gates, não é verdade?

Se fosse Bill Gates poderia enviar vários milhões de dólares. Mas era apenas ele próprio. Cem mil dólares, pensou. Ou mesmo dez mil, se insistisse em cumprir o voto. Os zeros tinham sido delirados pelo medo, era a intenção que contava. Embora toda essa história lhe parecesse agora fútil.

Tão fútil como as conversas com o psiquiatra. Talvez o dispensasse, depois das férias. Ia ver que tudo o que o trazia enervado era cansaço. Quem tinha razão era o generalista. Que além do mais lhe levara pela consulta um preço razoável.

– Acha que, se alguém não cumprir uma promessa e morrer, as duas coisas estão relacionadas?, perguntou à secretária, na manhã em que ia para férias, quando acabou de lhe ditar as cartas mais urgentes.

– Como assim?, perguntou ela, segurando as folhas.

– Suponhamos que alguém promete, por exemplo, dar uma esmola a um pobre e não cumpre, e é atropelado, ou lhe cai uma barra de ferro na cabeça. Há uma relação entre uma coisa e outra?

– Não, sorriu ela. Apenas coincidência.

– Também é o que eu penso, disse ele.

No avião avaliou, no computador portátil, quanto poderia descontar no imposto se enviasse dez mil dólares. Achou o desconto insignificante e pôs a ideia de lado; trabalhou várias horas em documentos que tinha deixado em suspenso, anotou assuntos a transmitir à secretária, tomou finalmente comprimidos para dormir e acordou três horas mais tarde. Estava frio na cabina, sentiu-se desconfortável na cadeira e arrependeu-se amargamente de ter vindo.

Quando o avião aterrou, no meio de nada porque só havia palhotas de colmo a fazer de aerogare, deu consigo a pensar que o dinheiro dos donativos raramente chegava aos destinatários. Estava cansado de ver isso na televisão e nos jornais.

No caso dele um donativo significava exactamente o quê?

Recebera um bem e retribuía com outro, pensou apresentando o passaporte. Equivalente ou apenas simbólico, era o gesto que contava.

Mas ele recebera um bem? No fim de contas, não, ficara como sempre estivera. Saudável. Não recebera um mal, e era tudo. Bastava que não fizesse outro mal, e ficaria quite com o mundo. Mas ele não fazia mal a ninguém, nunca fizera. Não havia razão para pensar mais nisso.

Entrou de coração leve na carrinha que seguiu por uma estrada de terra, ladeada de frangipani e de hibiscos.

A primeira impressão, na varanda do quarto do hotel, foi de que a praia coincidia com os cartazes publicitários: mar verde-esmeralda, sem ondas, areia fina e branca, cadeiras de repouso à sombra de coqueiros.

O quarto era grande e húmido, o que não foi surpresa, tinham-lhe dito que havia em média oitenta e cinco por cento de humidade. Achou o ar condicionado demasiado frio e subiu dois graus a temperatura no termostato. Além do mais, era um gasto escusado de energia.

Desfez a mala, vestiu um fato de banho e uma *T-shirt* e sentou-se num restaurante da praia. Soprava uma brisa ligeira (aliás o nome do restaurante era *La Brisa*). Bebeu água e café e mergulhou no mar, com a sensação de entrar num ambiente aquecido. Nadou meia hora e só depois foi dormir.

Acordou com a sensação de ter perdido inutilmente o primeiro dia. Levantou-se depressa e desceu à praia. Eram três horas da tarde, muita gente deveria estar a dormir a sesta, a avaliar pelo número de cadeiras ocupadas apenas por toalhas e objectos.

Foi buscar uma toalha e estendeu-se também numa cadeira que arrastou para a sombra de um coqueiro. Logo a seguir nadou duas horas e voltou a deitar-se, com o chapéu sobre a cara. Adormeceu, mas acordou pouco depois, caminhou pela orla do mar, ao longo do areal que se estendia à direita do hotel (na recepção tinham-lhe dito que havia dez quilómetros de praia). A média distância havia uma enseada onde se viam pessoas, certamente turistas, a cavalo.

Ao lado do hotel em que estava havia outro, e depois outro e outro. Eram razoavelmente parecidos, com os mesmos bares, piscinas e restaurantes de praia. Pertenciam todos à mesma cadeia, ele podia tomar refeições ou bebidas e usar as zonas de lazer em qualquer deles.

Foi tomando uísque aqui e ali e continuou a caminhar pela praia. Tinha o mar à esquerda e à direita uma vegetação densa e rasteira, com árvores dispersas. No meio das árvores via-se uma vedação de rede, e de onde em onde aparecia um segurança, de farda caqui, com um *cassetête* pendurado à cintura.

A vedação de rede e o segurança deram-lhe uma agradável impressão de estar protegido, que o compensava do desconforto da paisagem. A cada passo era mais forte a sensação de estranheza. Não identificava uma só das árvores nem das plantas que se amontoavam até à rede, e se adensavam cada vez mais depois dela.

Também os pássaros eram desconhecidos: alguns negros, outros palmípedes, descendo de repente sobre o mar, picando peixe. Um outro, que pousou na areia a dois passos, tinha um traço negro sobre o olho e um risco branco ao longo da cabeça. Fitou-o com o olho contornado a preto, com um olhar que lhe pareceu de algum modo hostil. Tudo era diferente, não familiar, como se entrasse noutro planeta, ou num sonho.

Agora há muito que os hotéis tinham ficado para trás, só havia areia e uma ou outra casa dispersa. No jardim de uma delas uma rapariga pálida praticava ioga, sentada de joelhos cruzados, com os olhos fechados e a palma das mãos virada para cima.

Depois também as casas desapareceram e começaram a surgir construções vagas, armazéns de materiais de praia, pedaços de bóias e motores fora de borda abandonados, barcos partidos, montes de sucata.

O areal continuava a estender-se em frente, divisavam-se

agora com mais nitidez as silhuetas a cavalo na distância. Reparou que a vedação de rede desaparecera e que o sol começava a cair.

Voltou para trás, pela beira do mar. A água continuava quente. Um desses dias iria nadar à noite, pensou. E de outra vez caminharia até à enseada onde os turistas andavam a cavalo.

No dia seguinte distraiu-se a ver a animação da praia. Desde as dez da manhã havia uma programação contínua: volei, aeróbica, jogos, gincanas, lições de dança, campeonatos de ping-pong e ténis.

Nadou mais do que na véspera, à noite sentiu-se cansado e não ficou a ver o espectáculo no grande *hall* do hotel, transformado em teatro, onde cartazes anunciavam prestidigitadores e bailarinos.

Nessa noite o sonho voltou: ia por um caminho e era assassinado. Tudo estava normal, mas de repente algo ou alguém o assaltava.

Acabar com isto, pensou acordando, sobressaltado, a meio da noite. Enviaria um cheque de manhã, se era essa a maneira de afastar o sonho.

Mentalmente fez uma lista de destinatários possíveis: as crianças da Etiópia, África em geral, a Cruz Vermelha, a Oxfam, a Unicef, os doentes de sida, a investigação sobre o cancro. Pouco depois tornou a adormecer.

No dia seguinte choveu. Soprou primeiro um vento forte, abanando os coqueiros e levantando a areia, que batia na cara e entrava nos olhos, mal protegidos pelos óculos escuros. Depois a chuva começou a cair com violência e num instante varreu as pessoas da praia. Mas logo a seguir o sol brilhou e as pessoas voltaram, o mar encheu-se outra vez de barcos à vela, lanchas, barcos de pedais e motas de água. Em baixo, na areia, barqueiros de boné recomeçaram a esperar os turistas que levavam, por vinte dólares, em barcos de fundo de vidro até ao recife de coral.

Enviou um e-mail à secretária (dê-me dez nomes de organizações beneficentes razoavelmente credíveis) e sentou-se a almoçar no *La Brisa*, que começava a estar cheio. Os copos pareciam baços, de tão gelados, mas logo escorriam água por fora, e a cerveja, em menos de nada, estava quente. Mandou substituir a que pedira por outra mais fresca.

Recomeçou a chover e sentiu-se de repente encurralado. Não poderia, se quisesse, ir-se embora antes da data prevista: todos os voos estavam cheios, por vezes com listas de espera.

Sentiu um suor frio na testa. Encurralado. Não estava numa cadeia de hotéis, mas numa cadeia. Simplesmente. Arrependeu-se outra vez de ter vindo.

Passou a tarde enervado no *hall* do hotel, vendo cair as bátegas de chuva e olhando sem interesse as lojas de artesanato que vendiam maracas, estatuetas de madeira, panos pintados, quadros e chapéus de palha, alguns com grinaldas de búzios. Observou nos *placards* fotografias onde turistas apareciam (por dez dólares) com colares de flores ao pescoço e papagaios nos ombros ou em cima da cabeça, ou (por quinze dólares) nadavam sorridentes, no meio de golfinhos.

Informou-se, num balcão ao lado, do que mais se poderia fazer, e dos preços: havia mergulho, ski aquático, asa delta, podia-se subir num balão amarrado a uma lancha, visitar a cidade próxima ou fazer piqueniques nas ilhas.

Os preços exploravam obviamente o turista, o que não o surpreendeu, já que era disso que vivia a população local.

Por cinco dólares inscreveu-se num percurso turístico e foi até ao centro da vila, que lhe pareceu um amontoado grotesco de casinhas baixas, pintadas de cores berrantes, ocre, amarelo, azulão, vermelho. As casas tinham grades floreadas a cobrir as janelas e por vezes também a revestir as portas. Mas a sua função era meramente decorativa, explicou o guia, na verdade não precisavam de grades, porque o índice de criminalidade era dos mais baixos do mundo.

Passaram pela igreja e pararam no mercado. O calor era

tanto que ele quis voltar quase de imediato para o autocarro. Achou-se no entanto no meio de tendas de feirantes, com uma indescritível profusão de objectos espalhados em bancas ou seguros por braços levantados, e apregoados em gritos de «dólar dólar».

Sentiu-se inseguro, como se o sufocassem. Alguém poderia agredi-lo de repente, ocorreu-lhe.

Uma, entre todas aquelas mãos, poderia ser assassina.

Gritou, mais alto do que as vozes, abriu caminho pelo meio da multidão, empurrando e tropeçando, e alcançou, com dificuldade, o autocarro. Sentou-se no banco, com a camisa molhada de suor.

Magotes de crianças esmagavam-se contra as janelas, do lado de fora, estendendo as mãos. Por vezes um dos turistas abria a janela e atirava não importa o quê – esferográficas, lápis, *T-shirts*, lenços, pacotes de bolachas ou um chapéu de pano, sobre os quais as crianças se precipitavam aos gritos.

De regresso ao hotel entrou na piscina, sentou-se num banco de pedra, dentro de água, e pediu uísque, só com gelo. O empregado trouxe-lho num tabuleiro flutuante.

Bebeu o uísque em pequenos goles e boiou, de olhos fechados, até à hora de jantar. Depois subiu rapidamente ao quarto, tomou um duche e vestiu-se, leu num relance o e-mail da secretária, com os dez nomes pedidos.

Mas não havia relação entre o dinheiro e o sonho, pensou. Era uma ideia absurda, ditada pelo stress.

No restaurante, pediu uma garrafa de champanhe, dentro de um balde com gelo. Com muito gelo, sublinhou.

Protelava, arranjava argumentos, porque não tencionava cumprir o voto, pensou abrindo o menu e relanceando os olhos pelos outros pratos à escolha. Não, não era verdade, procurava apenas as melhores condições para cumprir. Dentro dos limites da razoabilidade.

Aliás, se protelasse indefinidamente (admitindo, por hipótese, que o faria), também protelava indefinidamente qualquer acontecimento funesto que pudesse relacionar-se com o voto não cumprido. Admitindo que poderia haver, apesar de tudo, relação entre uma coisa e outra. Mas não havia relação, ele sabia.

O sonho não voltou. Levantou-se cedo, na manhã seguinte (o bufete abria às sete horas). Quando desceu à praia ainda andavam empregados a varrer as algas, a limpar a areia com um ancinho em forma de leque, e a retirar os sacos de lixo cheios desde a véspera.

Nadou pelo menos duas horas, secou o calção de banho caminhando à beira mar, foi à recepção comprar jornais, sentou-se a ler na cadeira de praia.

Às doze e trinta almoçou no *La Brisa* (era um homem de hábitos). A lagosta tinha bom aspecto mas nenhum sabor, achou. Escolheu outro prato na ementa.

Algures, havia uma cassete com música de fundo; reconheceu alguns temas: *I just called*, de Stevie Wonder, *Fascination*, *Les Feuilles Mortes* e depois trechos de *As Quatro Estações* de Vivaldi.

Pediu uma *piña colada* e deixou-se ficar na mesma mesa, quase toda a tarde, a ler um livro de bolso comprado no aeroporto, enquanto esperava a hora do embarque. A contracapa prometia violência, romance e aventura, com cifras de muitos zeros pelo meio.

Mais tarde desceu novamente à praia, tomou depois dois uísques e nadou na piscina, subiu finalmente ao quarto e vestiu-se para jantar.

Os dias seguintes foram sensivelmente iguais, variaram apenas os serões do hotel:

Numa das noites houve um concurso em que foram premiados os pares que melhor dançaram lambada, merengue, tango e chá-chá-chá. Na noite seguinte distribuíram-se diplomas aos vencedores dos torneios de ping-pong e ténis e das gincanas da praia. Um apresentador gordo, de laço ao pescoço, transpirando num smoking, gritava ao microfone: *el señor mister, la señorita miss*. O mesmo apresentador que noutra noite organizou um jogo de velocidade entre equipas, em que os participantes se precipitavam pela sala em busca de cinzeiros, ementas e caixas de fósforos, enquanto um ajudante cronometrava os segundos.

Tinham-lhe feito bem as férias, pensou na tarde do último dia, respirando em todo o caso de alívio por terem chegado ao fim. Deu conta de que não tinha ido ao recife de coral, nem andado de mota de água, de lancha, ou nos barcos de pedais, assim como não tinha feito mergulho nem andado de asa delta. Poderia fazer isso no ano seguinte, e visitar as outras ilhas, achou. Contou as horas que faltavam para partir, e pareceu-lhe aceitável a hipótese de voltar.

Nadou até longe e descansou na cadeira, a olhar o céu entre as folhas dos coqueiros. Um céu azul pálido, que talvez ficasse mais forte nas fotografias.

Lembrou-se de que não tinha trazido máquina fotográfica. Poderia ainda comprar uma. Ou uma câmara de vídeo, por toda a parte havia pessoas com uma câmara de vídeo na mão.

Mas a verdade é que nunca mais veria os vídeos, se os fizesse. Não teria paciência nem tempo. E não queria aborrecer os outros com eles. Quem eram os outros?, pensou. Curiosamente, não lhe ocorriam nomes nem rostos.

Arrastou a cadeira para a sombra e adormeceu, com o chapéu sobre a cara. Acordou horas mais tarde, com um ruído de vozes. Um grupo de jovens jogava volei, e muito perto tinha começado uma aula de dança jazz.

Achou o barulho ensurdecedor e aproveitou para caminhar pela praia. À direita do hotel estendia-se o areal onde passeara no primeiro dia. Afinal não chegara a ir até à enseada onde os turistas andavam a cavalo. Mas ainda teria tempo de ir até lá, ou pelo menos de chegar perto, a carrinha que o levaria ao aeroporto só viria buscá-lo às dez da noite.

Passou os hotéis, os relvados, as piscinas, as casas dispersas.

Agora não havia nenhuma rapariga a praticar ioga, sentada no jardim.

À medida que avançava rareavam os veraneantes que passeavam como ele. A maioria passava aliás em sentido contrário, seguindo provavelmente em direcção aos hotéis.

Havia os pássaros, a vegetação densa e desconhecida e a mesma sensação de estranheza. E de novo a ideia reconfortante de protecção, transmitida pela vedação de rede e pelo vulto dos seguranças, de onde em onde, de *cassetête* à cintura.

Poderia continuar sem nenhum risco, pensou passando pelos armazéns toscos de material de praia, pelos montes de sucata, bóias, motores, barcos abandonados. Estava em segurança.

Entrava de qualquer modo numa zona não destinada aos olhos dos turistas. O lado dos detritos, do lixo, das latas de coca-cola amolgadas, dos bidões de água vazios – o lado que se escamoteava, no dia-a-dia, na zona varrida e arrumada do hotel.

Acabara a vedação de rede e a vegetação era agora mais densa. Reparou que alguns coqueiros tinham raízes desenterradas e secas. Outras plantas tinham raízes bolbosas, igualmente fora da areia, em que ele tropeçava ao passar.

Os pássaros recolhiam-se nas árvores, na distância os cavaleiros tinham desaparecido. A noite descia e começou a levantar-se vento.

Voltaria para trás, decidiu.

Foi quando alguém saltou de entre os arbustos, de repente. Alguém que o teria atacado pelas costas, se nesse instante ele não tivesse rodado sobre si próprio, para iniciar o caminho de regresso.

Sentiu as pancadas do *cassetête* na cabeça. O agressor era o segurança, viu, ou julgou ter visto.

Se os seus olhos o enganavam, já não teria tempo de saber.

A dedicatória

Pois como a senhora há-de ter reparado, deixei passar toda a gente, fiquei para trás de propósito. Fui-me pondo de lado, nem estava nem deixava de estar na bicha, até ser o último da fila. Já nem sei como se deve dizer, agora diz-se muito fila. Deve ser das novelas, vem-nos logo à cabeça que bicha é palavra feia.

Mas eu queria falar de outra coisa muito diferente, provavelmente vai parecer-lhe absurda. Foi por isso que fiquei para o fim, prefiro que não haja pessoas a ouvir, se bem que não é nada do outro mundo, estas coisas agora são o pão nosso de cada dia. Antes não fossem.

Bom, é só isto: queria pedir-lhe uma dedicatória, mas não exactamente igual às outras – a senhora já fez hoje mais de quantas, deve estar com um calo nos dedos, de pegar na caneta. Só usa a caneta em ocasiões destas, julgo eu, habitualmente deve escrever no computador, como toda a gente. Eu já não era capaz de viver sem o computador, é a minha companhia. O computador e a televisão.

Mas queria falar-lhe da dedicatória. Embora tenha um fraco pelo computador. É quase uma pessoa, não acha, ele responde, entende, repara se o que fazemos está certo ou errado, cumpre ordens, faz perguntas, liga-nos ao mundo – se bem que a mim o mundo me interesse pouco – e é esperto, até mais esperto do que nós. E tem sentido de humor, o sacana, ainda há pouco estava eu a jogar contra ele pela noite adiante, fico sempre a jogar pela noite adiante, ele estava-me a ganhar há várias horas, até parecia que me fintava, aí eu perdi a cabeça e mandei-o à merda, desculpe mas foi a palavra, e sabe o que ele respondeu? Não posso ir nessa direcção. Tal e qual, com todas as letras. É uma resposta que não lembra ao diabo. Desatei a rir e ele desarmou-me a raiva, diga lá a senhora se alguém se lembraria de uma resposta destas, na ponta da língua, no momento exacto. Ganhou-me outra vez, está visto, e eu disse-lhe: Marca lá dois tentos, pá, sabes mais do que te ensinei.

Um tipo destes nem lhe falta falar, já nasceu ensinado. Aos animais a gente ensina, tive um papagaio –

Mas a senhora está com pressa e não se deve interessar por papagaios, desculpe eu falar tanto, sei que às vezes falo demais, estou um bocadinho nervoso com o que vou pedir-lhe, mas acredito que me vai entender, a senhora entende bastante bem o ser humano, é por isso que gosto dos seus livros. Do que gosto mais é dos guarda-chuvas com a mulher ao fundo e do cavalo ao sol.

Às vezes admiro-me como é que lhe vêm tantas coisas à cabeça, mas descanse que não lhe vou perguntar, porque não há tempo. A mim também me vêm muitas coisas à cabeça, só que não as sei escrever. Já experimentei, mas depois desisto, não tenho paciência. Ou talvez não tenha vocação.

Embora a minha vida desse um romance. Ou um filme. Vejo-a até melhor como um filme: Começa com uma porta a bater e uma mulher que se vai embora. É uma mulher muito bonita, embora já não se possa ver, porque está do outro lado da porta. Levou uma mala com roupa e foi-se embora. Só com a roupa dela, não levou nada meu. Nem dinheiro, nem nada. Só o que era dela. Mas isso eu só vi depois, na altura não vi nada, atirei-me contra a porta, mas ela já lá não estava. Não a vi ir-se embora, ela foi quando eu tinha saído. Quando cheguei achei a casa vazia.

Mas vejo-a sempre sair e fechar a porta atrás de si. Mesmo

quando fecho os olhos continuo a vê-la, é como a cena de um filme: ela pega na mala, abre a porta e vai-se embora.

E é então que penso: não pode ter sido só assim, a cena começa mais atrás.

Primeiro, ela teve de fazer a mala, e, para isso, de abrir gavetas e armários, e ir tirando a roupa. Pode ter tirado e dobrado as peças, ou tê-las arrancado do armário penduradas nas cruzetas. A senhora já viu cenas destas em filmes, tenho a certeza.

Reparou que nos filmes metem sempre na mala a roupa pendurada nas cruzetas? Não faz sentido, porque ocupa muito mais espaço, mas não é o espaço que aflige as pessoas, é a pressa, têm sempre muita pressa de se ir embora. Por isso nunca vemos o que tiram dos armários, para além do vulto confuso de fatos e vestidos – só quando reconstituímos, depois, vemos que deveriam levar também roupa interior, sapatos, cintos, artigos de toilette, miudezas. No momento não pensam, mas não acha que podiam depois voltar atrás, para levar o que esqueceram? Como eu disse: lenços, perfumes, miudezas. Podiam voltar a buscá-las mas não voltam, saem a correr, às vezes nem fecham a mala, metade das coisas caem no caminho.

No entanto – lembra-se disso? –, há ocasiões em que olham para trás ainda um instante, antes de fechar a porta. Só um segundo. Mas é diferente terem, ou não, olhado para trás, não lhe parece? Faz mesmo toda a diferença.

Também há ocasiões em que as pessoas deixam mensagens, uma carta, ou mesmo só um papel rabiscado à pressa. Como quando se matam. Há uma espécie de morte nestas cenas, não concorda? Morte para quem vai ou para quem fica, ou em ambos os casos.

Mas ela não se matou. Mudou apenas de vida, de apartamento, de rua, de homem, claro que havia outro homem na história. Foi ele que me lembrei de matar primeiro. Ou a mim. Nunca pensei em matá-la a ela. Acho que ele foi mais esperto do que eu, que não dava conta – ou talvez ela fingisse bem, pelo menos durante algum tempo.

Também isso me lembra os filmes – ela a representar um papel, a fingir que não havia mais ninguém – e depois as grandes cenas de lágrimas e gritos e a gente no meio do quarto a pensar que aquilo não podia estar a acontecer connosco, que acontecia com outras pessoas, num filme.

Há momentos de que não me lembro. Espaços em branco. Como se uma tesoura cortasse o celulóide e depois alguém colasse os pedaços, deitando fora outros. Pedaços que duram segundos, minutos. Tudo somado, há muito tempo deitado fora no filme que vejo sempre. Se pudesse recuperava os pedaços – aqui ela a chorar, atirada para cima da cama, ou eu a atirá-la, não sei – vejo sempre um braço, uma cabeça sobre a colcha da cama, os cabelos espalhados, a almofada caída, as mãos dela agarrando as minhas, que tinham mais força que as dela.

Mas há pedaços que não aconteceram. Eu podia tê-la matado, mas não lhe toquei. Desatei a chorar como ela. Há sequências que podiam lá estar e não estão.

Agora passa-me pela cabeça como era fácil terem acontecido: eu podia ter-lhe posto as mãos em volta do pescoço, apertado um pouco, julgando que era só um pouco. Podia. A senhora não imagina, ou por outra, penso que a senhora pode imaginar como é pequena a distância entre o que acontece e o que não acontece. Entre matar alguém e não matar. Todos podemos, alguma vez, matar alguém. Basta só mais um pequeno passo, um pequeno gesto e acontece, sabe? É verdade que eu estive muito perto.

Imagino essas cenas, como se tirasse fitas de celulóide de um caixote de desperdícios. Mas sei que não aconteceram. Ela continua viva, bonita como sempre, talvez até mais do que antes. Às vezes vejo-a, ela é que não me vê, não olha para os lados, caminha depressa na rua, como se estivesse atrasada.

Nos dias em que a vejo não consigo dormir. Há outros bocados de filme que me vêm à cabeça, guardo-os na memória com muito cuidado para não os perder, ela a pôr fatias de pão e um pacote de leite na mesa, a travar o despertador que começou a tocar, a abrir-me a porta quando chego à noite, bocados de filme que vejo vezes sem conta, cenas mínimas, por vezes desconexas, que tento manusear com jeito, projectar com uma lâmpada não demasiado forte, para não correr o risco de se incendiarem, prefiro ver essas cenas em tom quase sépia, esbatidas, cenas de sexo prefiro não pensar embora também me venham à cabeça, sobretudo quando sonho com ela, e sonho muitas vezes com ela, às vezes penso o que lhe diria se lhe escrevesse uma carta, já tentei escrever-lhe mas desisto sempre, uma noite sonhei que ela me mandava um vídeo, mas talvez não seja sonho, deve ser uma cena de um filme que vi algures, chego a casa e ela não está, depois reparo que há um vídeo no gravador, vejo a cara dela de todo o tamanho do ecrã, e no ecrã ela diz-me que se vai embora, tem uma camisola azul e uma correntinha de ouro ao pescoço e no pulso uma argola que me parece de prata, fixo com todo o pormenor os adereços para não ouvir as palavras, está tudo no lugar, penso, a corrente de ouro, a argola de prata, a camisola azul, o reflexo de luz no cabelo, a face lisa brilhando, está tudo certo no ecrã e não ouço as palavras, penso apenas amo-te, és tão bonita, começam a vir-me à ideia palavras muito gastas, não posso viver sem ti, a minha vida acabou, volta para mim, não aguento mais – e é então que a ouço dizer que se vai embora, apago o vídeo e a cara dela desaparece no ecrã, arrumo a cassete na estante e penso que é um pedaço de celulóide, só isso, um papel que ela representa bem, é verdade que teria jeito para actriz, no próximo filme pode fazer um papel diferente, mas sei que nunca irei vê-la como a má da fita.

 Talvez a senhora não acredite se lhe disser que fiz cópias de todos os filmes dela, quero dizer, de todos os filminhos de amador que fiz com ela. Sim, também tenho a minha pequena máquina de filmar, provavelmente é por isso que penso tanto nas coisas como se fossem filmes. Se lhe fosse falar dos meus filmes, ficava aqui a noite inteira. Podem não ser bons, mas são quase toda a minha vida. Ou eram, antes de ela se ir embora. Mas sossegue que não vou falar.

Só lhe quero dizer isto: guardei os originais dos filmes e diverti-me a transformar as cópias. Cortei, colei, mudei – ela era a estrela, a personagem, e eu o realizador, o cameramen, o produtor, o público – ambos tínhamos todos os papéis.

É fantástico o que se pode fazer com o celulóide, descobri: o tempo andava para diante e para trás, aqui era ontem e depois anos antes, quando a conheci, aqui ela andava de bicicleta, nadava no mar, vinha a correr ao meu encontro, com um pequeno gesto eu fazia a bicicleta andar para trás ou parava-a de repente, ou repetia até ao infinito a sequência em que ela corria ao meu encontro – ela nunca acabaria de correr ao meu encontro, se eu quisesse.

Foi assim que descobri como a gente tem poder sobre as coisas, manipulando-as, deve ser assim que se fazem os filmes verdadeiros e os livros, os livros são uma espécie de filmes, a senhora não acha, só que têm ainda mais poder, porque desde sempre houve palavras mágicas, e ainda não há imagens mágicas.

E aí é que eu vi a diferença entre saber fazer e não saber, eu manipulava os filmes e as coisas aconteciam ao contrário, a bicicleta corria para trás, mas nada do que eu fizesse podia trazer aquela mulher de volta.

Então lembrei-me: eu não posso, mas a senhora pode. Por isso lhe vim pedir uma dedicatória, aí nesse seu livro, para lhe oferecer a ela. Pedindo-lhe que volte.

Claro que a senhora pode, como é que não. Com a data de hoje bem visível – porque faz hoje precisamente um ano que ela se foi embora.

Eu sei que é tarde e que a senhora está cansada, mas por favor não arranje desculpas e escreva, não faz mal nenhum se não couber aí, já calculava que me ia dizer isso e trouxe mais folhas de papel, uma dedicatória não precisa de caber toda na página de um livro, se não couber que importância tem, o que importa é que ela volte.

E se não voltar, diz a senhora, pelo amor de Deus não vamos pensar isso, como é que ela pode não voltar, se não voltar é porque a senhora não lhe soube dizer quanto eu a quero e escreveu a dedicatória errada.

Mas isso não vai acontecer, tenho a certeza, a senhora vai fazer um esforço e escrever certo.

Não vai?

Quatro crianças, dois cães e pássaros

É verdade que pus esse anúncio no jornal. Alguém que gostasse de crianças e estivesse disposto a cuidar dos animais. Cães e pássaros, nem toda a gente gosta de cães e pássaros. Embora talvez fosse mais difícil arranjar alguém para cuidar de tartarugas ou peixes. Ou pássaros grandes, como araras. Deixam sempre morrer as tartarugas, dão comida demais aos peixes e assustam-se com os gritos das araras. De modo que talvez eu não tivesse razão para me preocupar tanto. Afinal de contas, cães e pássaros pequenos são animais muito comuns, que ninguém se espanta de encontrar na maioria das casas.

Mas eu estava muito cansada nessa altura, não tinha tempo de cuidar de nada, tudo se avolumava na minha cabeça como se fosse rebentá-la. Qualquer coisa, mesmo cães e pássaros, me parecia enorme e me esmagava.

Como se estivesse a viver um pesadelo. No escritório o trabalho era de loucos, saía sempre depois da hora e às vezes ainda escrevia cartas, mandava e-mails e fazia telefonemas em casa, sempre com uma horrível sensação de não conseguir fazer o principal. A mulher-a-dias saía antes de eu chegar, deixando as coisas apenas meio feitas, e a hora do jantar e dos banhos era um inferno, sem falar dos trabalhos de casa das crianças, que atropelavam os meus, ou dos meus, que também não deviam existir mas existiam, e atropelavam os delas.

E no fim de tudo ainda era preciso dar comida ao cão, levá-lo à rua e limpar a gaiola dos pássaros.

Claro que o Carlos não fazia nenhuma dessas coisas, embora me acusasse de trabalhar demais. Na verdade ele levava a mal que eu trabalhasse tanto, como se lhe fizesse uma ofensa pessoal. Não têm conta as vezes em que me arrependi de ter cedido às crianças e comprado os animais. E não menos vezes me arrependi de ter tido as crianças. Embora não o dissesse.

De qualquer modo, o que estava feito estava feito, e agora eu tinha era que andar em frente e cuidar de tudo.

Até que um dia me enfureci, disse a mim mesma: basta! e decidi que ia arranjar uma empregada interna.

Afectiva, disse em tom compreensivo a porteira, a quem falei de uma efectiva. Pois, respondi. O mais depressa possível. Para hoje. Para ontem.

Porque amanhã vou estar morta, pensei ligando o motor do carro e arrancando. Amanhã vou estar morta.

Mas os dias passavam e ninguém aparecia. Então pus o anúncio. O que mais me assustava eram os animais. Qualquer candidata voltaria com a palavra atrás quando lhe dissesse à queimar-roupa, depois de tudo acordado e assente: Ah, e temos também dois cães e pássaros.

Aí, todas se iriam embora. Tinha a certeza. Quatro crianças já bastavam. Quatro crianças, mesmo sem os animais, desencorajavam o mais afoito. Qualquer pessoa normal se manteria à distância.

Por isso decidi ser frontal e avisar logo no anúncio. Quem respondesse saberia ao que vinha, e não teria surpresas. Nem eu.

Mas de facto tive uma surpresa. Depois de telefonemas estúpidos e candidatas improváveis, ouvi de repente ao telefone uma voz desembaraçada e tranquila. Com sentido de humor, até, lembro-me de que houve qualquer coisa que dissémos equivocada ou trocada, e ela riu do lado de lá, como se tudo aquilo fosse divertido.

E quando chegou, nessa mesma tarde, confirmei o que a voz me anunciara: parecia uma criatura eficiente e segura.

E também alegre. Gostava de crianças e dava-se bem com os cães e os pássaros. Fazia tudo, eu podia dispensar a mulher-a--dias e finalmente descansar um pouco. Respirei fundo. Estava tão cansada, naquela época.

Acho que foi assim que as coisas se passaram. Adormeci, estendida no sofá.

Dormi semanas, meses. Acordava e ia para o escritório, ou nem acordava, dormia dia e noite, de olhos abertos. Voltava e tornava a adormecer, sentada no sofá.

A tal ponto estava cansada que as coisas se passavam longe e eram vagas. Lembro-me por exemplo de ouvir a rapariga cantar, de ouvir rir as crianças. De pensar que a casa estava limpa, e finalmente em ordem. De ouvir os meus filhos a fazerem os trabalhos de casa na cozinha, de um deles perguntar: quantos são sete vezes quatro? E de a rapariga responder: vinte e oito, de o meu filho repetir: vinte e oito e de eu pensar que esse era o número dos anos dela: vinte e oito.

E depois outro filho meu começou a ler em voz alta e eu adormeci sem deixar de ouvi-lo. Era um sono tão invencível que cobria tudo. Ao mesmo tempo eu estava acordada e dormia.

Ouvia as patas leves dos cães, o roncar do motor do frigorífico, a torneira pingando, uma cadeira arrastada. Pela porta entreaberta vi o meu filho mais novo trepar para cima de uma cadeira, na cozinha, pensei que ele ia cair mas não me mexi para socorrê-lo; vi a criança empoleirar-se, estender as mãos sobre o lava-louça, abrir a torneira, apertar a palma da mão contra a torneira, vi a água sair dos lados em jactos finos, molhando a cara e a roupa da criança, que não parecia importar--se e ria e se punha nas pontas dos pés para chegar melhor à torneira. Até que a cadeira se desequilibrou com estrondo e ela caiu.

Um choro, uma voz persuasiva, quente – já passou, já passou. A criança levantada do chão, com beijos secando as lágrimas, aconchegada contra o vulto esguio da rapariga. O avental muito justo, em torno da cintura.

Outra vez o som da torneira, ping ping, na água do lava-louça.

Um dos cães chega perto de mim e fareja-me. Verificando se não estou morta, penso. Tenho um braço caído, quase a tocar no chão, e não me mexo. O outro cão aproxima-se também a correr. Alguém os chama, em voz baixa, os prende pela trela e se afasta com eles impondo silêncio: sch... sch...

Vão levá-los à rua, penso. Desaparecem, por algum tempo, os cães e as crianças. A porta bate, o som do elevador arrancando.

O sofá cheira a cão. Ouço lá dentro o piar dos pássaros. É o fim da tarde, ou o princípio da noite. Carlos vai chegar, penso, mas não consigo mover-me. Está ainda calor, apesar de ser Outono.

Passou tempo e agora há outra vez passos e ruído em volta. Uma criança vem junto de mim e beija-me na face. Põe os braços em volta do meu pescoço, sei que é o meu filho mais novo. Mãe, diz, mãe. Sacode-me, mas continuo a dormir.

Ele afasta-se, finalmente, vai buscar um livro, senta-se no tapete e começa a rasgar as folhas. Pega num copo, vai buscar água à cozinha, põe o copo na mesa em frente do sofá, ajoelha-se no chão, estende a mão para o copo e entorna-o. Penso que a mesa vai ficar manchada, porque a água escorre para a madeira, debaixo do tampo de vidro. O Carlos vai-se irritar quando der conta, penso.

Mas o Carlos chega e não se irrita, nem sequer dá conta. Faz muito barulho com os filhos, levanta-os no ar e abraça-os. Há risos, jogos que me parecem de cabra-cega, ou de escondidas, portas abrindo e batendo.

Agora as crianças fazem os deveres no quarto e ele entra sem ruído na cozinha, aperta contra si o vulto da rapariga e beijam-se na boca.

E depois dão as mãos e vão-se embora. Fizeram as malas,

vestiram os casacos, porque agora é Inverno, vestiram às crianças os anoraks, sem esquecer as luvas de lã e os gorros na cabeça. Beijam-se outra vez, furtivamente, na boca, fechando a porta, e vão-se embora sem ruído, em bicos de pés, levando os dois cães presos na mesma trela e a gaiola dos pássaros na mão.

Big brother isn't watching you

Escolhemos a Tânia porque não fazia falta, era muito bronca e parada, via-se logo que nunca iria fazer nada na vida. Foi por isso que pensámos nela. Podia ter sido a Elizabeth, a Carina ou a Vanessa. Mas a Elizabeth jogava bem ao volley, a Carina pagava-nos cervejas e a Vanessa tinha namorado. A Tânia era a melhor para ser morta porque não andava no mundo a fazer nada.

Foi só por isso que a escolhemos, não havia nenhuma razão especial, nem tínhamos nada de pessoal contra ela. Podia ter sido outra qualquer. Calhou ser ela. Só isso.

A Germana ainda disse que nos podiam pôr numa casa de correcção ou irmos a tribunal, mas a Celeste disse que da casa de correcção a gente também fugia e quanto ao tribunal que se lixasse.

Isso foi da primeira vez que tocámos no assunto, mas não era a sério, estávamos só a dizer coisas da boca para fora. Na verdade nessa altura não tínhamos intenção de matar a Tânia. Estávamos só a pensar como seria se a matássemos.

Podíamos ter falado de outras coisas, se não estivéssemos fartas de falar sempre do mesmo. Do pai da Andreia, que se enfiava nela, do irmão da Débora que ia de manhã para a metadona e depois ficava todo o dia em casa a fumar e a ver televisão, da mãe da Sheila que esvaziava garrafas de aguardente e as escondia debaixo da cama, da minha avó, que não se dava com a minha mãe, embora tivesse que viver connosco porque não tinha casa, e gritava com a minha mãe, e a minha mãe batia-lhe e era todos os dias a mesma coisa, além do caminho casa-escola e escola-casa. Do pai da Germana, que tinha sido despedido há dois anos e nunca mais arranjava outro emprego, do pai da Celeste que passava os dias no computador e nunca falava, da mãe que vagueava pela casa e não ouvia o que lhe perguntavam, da casa da Celeste, que ficava num bairro caro e tinha tudo o que se podia desejar, frigorífico, vídeo, gravador, carro na garagem e garrafas de champanhe na despensa. Podíamos ter-lhe chamado novamente estúpida por não aproveitar o que tinha, mas já nem valia a pena repetir-lhe isso, a Celeste encolhia sempre os ombros e dizia que se aborrecia de morte como nós.

Ou podíamos ter falado da escola e gozar com a aflição que a gente tinha dantes, por não passar. Agora a gente ria-se mas é da escola, e tanto se nos dava passar ou não, eram tudo balelas o que lá se aprendia, que se fodessem os *Lusíadas*, a gente tinha mais que fazer na vida.

A gente tinha era que viver e não estava a viver nada, era tudo muito chato e sempre igual. A única coisa diferente era a droga e a gente achava que também iria entrar nessa, mas por enquanto ainda não, só uns charros para passar o tempo, porque também havia muita chatice na droga, se bem que agora já tudo era mais fácil, porque a sociedade tinha passado a ser menos repressiva e mais livre, com salas de chuto e tudo o mais, mas tirando esse progresso tudo na vida era uma chatice e a gente não tinha aonde se agarrar.

No entanto algumas pessoas tinham vidas boas. Bastava ver as revistas: mulheres de vestidos de seda até aos pés, artistas de cinema, banquetes e desfiles de moda, raparigas lindíssimas de biquíni e saltos de dez centímetros a serem beijadas por homens bronzeados, de tronco nu, à beira de piscinas, jovens lindos de morrer em carros descapotáveis que a seguir apanhavam um avião para as Caraíbas, deslizavam em pistas de ski ou tomavam *drinks* ao pôr do sol em Miami.

Há dois anos a Adelaide sonhava ser modelo, e a Rute em

ser *miss*. Nessa altura só tínhamos doze anos e não percebíamos nada do mundo, achávamos que bastava sermos bonitas e magras e estarmos prontas para ser fotografadas a sorrir. Colávamos fotografias de modelos na parede e imitávamos as poses. Eu fazia caras e gestos, a Celeste desabotoava a blusa e punha o peito para fora, a Germana levava as mãos diante dos olhos, como se fosse uma máquina, e fingia que disparava.

Conseguimos ficar magras porque não comíamos pão nem doces e bebíamos vinagre ao pequeno-almoço, e quando não aguentámos mais pedimos ao tio da Adelaide que nos tirasse fotografias. Não ficaram mal, achámos até que podíamos ter chances.

Nessa altura o Zeferino falou-nos de um concurso que ia haver na televisão, para entrar numa novela, tinham anunciado à noite, depois do noticiário. Ficámos loucas e fomos confirmar. Era tudo verdade e mandámos as fotografias, mas não fomos escolhidas. Depois disseram que tinham aparecido dez mil a concorrer.

A Rute chorou e a Adelaide não comeu a semana inteira. Como era possível conseguir alguma vez qualquer coisa se se tinha sempre de lutar contra dez mil. Como se ia conseguir alguma vez ser a mais bonita, a mais esperta, a mais sorridente, a mais magra, a mais simpática, a mais sexy, a de saltos mais altos e peito mais levantado no biquíni, ou todas essas coisas juntas. A vida era muito difícil e o melhor mesmo era desistir logo de tudo, disse a Rute.

Então o Zeferino falou-lhes do negócio dos filmes, era só despir-se e fazer umas cenas e ser fotografado ou filmado, não custava nada e ganhava-se do bom e do melhor e era um começo de carreira, depois ficava-se conhecido e podia-se logo ser actriz. Eu e a Germana também quisemos ir, mais a Celeste, mas o Zeferino escolheu a Rute e a Adelaide porque eram mais bonitas e nós ficámos cheias de raiva.

Mas isso foi há dois anos e não nos parece que elas tenham dado em grande coisa, deixaram de nos falar e dão-se grandes ares, mas andam cheias de olheiras e parecem velhas e quem subiu na vida foi o Zeferino, que até comprou um carro novo.

O que interessa é ter sorte. Pode-se gamar numa loja e arrecadar para o resto da vida sem ser apanhado, ou ganhar na lotaria. Ou ir à televisão, e ganhar cem mil numa noite. É só ter sorte. Ninguém sabe responder às perguntas que lá fazem, responde-se ao calhas e às vezes ganha-se. Ou pode-se entrar noutro jogo, na televisão: empurrar uma roda gigante e acertar num número. Mas ser escolhido para entrar no jogo também é uma questão de sorte.

A madrinha da Arlete ouve todas as manhãs o programa da mala. O telefone toca e alguém diz: daqui fala a rádio, quanto dinheiro tem a mala? Quem acertar ganha. À madrinha da Arlete nunca telefonaram, no entanto ela passa as manhãs a ouvir para se manter informada. Se um dia lhe perguntarem, a vida dela muda. Por isso não desiste de ligar o rádio.

Melhor ainda que a rádio é a televisão. Um telefonema da televisão pode mudar a vida a qualquer um. Dizerem por exemplo: você vem ao concurso. Aí já se tem tudo pago, é só andar em frente. Os da televisão têm cabeleireiro, maquilhadores, manicures, dizem que até dão o dinheiro para comprar roupa para se ir ao programa. E as lojas também oferecem tudo a quem lá vai. Se não, qualquer vizinho empresta. Para parecer bem na televisão não se regateia preço. Todos sabem que depois se fica rico e a quem é rico ninguém recusa nada.

Quem aparece na televisão estava safo, dissémos. Os que lá andavam sempre nunca eram apanhados nem iam para a prisão, mesmo quando cometiam crimes e lhes punham processos. Arranjavam sempre modo de escapar, toda a gente sabia.

Foi por isso que não nos preocupámos quando a Germana falou em casa de correcção e tribunal. Até porque não estávamos a falar a sério em matar a Tânia, pensávamos nisso como se estivéssemos sentadas num sofá, a olhar para um ecrã. Víamos tudo muito claro, mas depois era como se bastasse carregar num botão para as coisas voltarem a ser como antes. Ela estar viva ou morta dependia de carregar num botão. Não era verdade, mas pensávamos como seria se fosse:

Punham fotografias nossas nos jornais, íamos aparecer nos noticiários e ser entrevistadas e estar nas bancas, nas capas das revistas, e escreviam livros sobre nós. Nunca nos havia de faltar emprego, de resto nem precisávamos de emprego porque se ganhava muito dinheiro só com ir à televisão e ser fotografado e fazer declarações e falar.

Matar a Tânia não ia ser difícil, era só escolher a melhor maneira. Íamos por exemplo apanhar o metro com ela e empurrávamo-la numa estação, um segundo antes de passar o comboio. Ou deitávamo-la abaixo da janela da casa da Vanessa, que vivia num prédio de doze andares. Dissemos.

Mas no metro havia o risco de não se saber que tínhamos sido nós a empurrá-la, podia pôr-se a hipótese de suicídio, todos os dias aconteciam coisas dessas. Com toda aquela gente apinhada nas plataformas, era difícil haver testemunhas a ver-nos empurrá-la. Na janela da Vanessa, havia o inconveniente de ela também querer participar, uma vez que emprestava a casa. Mas quatro pessoas era demais para nos darem atenção suficiente, três era o máximo para este tipo de coisa. Pelo menos foi o que pensámos.

Então lembrámo-nos do envenenamento. Veio-nos à cabeça várias vezes, pusemos a ideia de parte mas depois ela voltava, e a certa altura o dia-a-dia parecia-nos distante, a minha avó, a mãe da Celeste, o pai da Germana passavam por nós de fugida, sem peso, como se também eles fossem imagens num ecrã. Olhávamo-los sem os ver, deixámos de ligar ao quotidiano, estávamos ligadas a outra coisa.

Veneno de ratos, pensámos primeiro. Mas devia ter um sabor tão mau que a Tânia dava conta. Então pensámos em comprimidos para dormir. Bastava ir roubando alguns das embalagens, até juntar uns cinquenta. Toda a gente tomava – o pai da Germana, a minha avó, o meu tio Arlindo, o pai da

Celeste, a mãe da Adelaide. Fomos tirando aos poucos, agora um e depois outro. Não era difícil. Não era mesmo nada difícil, verificámos. Em poucos dias tínhamos um frasco quase cheio.

E depois era só dissolvê-los e metê-los numa garrafa de leite com chocolate. Não se ia notar alteração no sabor.

Também era fácil fazê-la engolir o chocolate. De certeza que sim.

Era mesmo tão fácil que quase não demos conta de ter acontecido. Aconteceu, simplesmente.

Sem percalços, exactamente como tínhamos pensado.

Fizemos uns dias antes uma espécie de ensaio. Convidámos a Tânia para vir passear connosco, ela aceitou logo, porque nunca ninguém a convidava para nada. Estava contente e não desconfiou de coisa nenhuma, como podia desconfiar? Fomos caminhando por uns campos vagos, não muito longe da escola, um bom pedaço antes dos prédios que andam a construir. Não nos aproximámos dos prédios, embora quando saímos da escola já lá não houvesse operários, estava tudo sossegado, não se ouvia o barulho das máquinas.

A Tânia sentou-se numa pedra e demos-lhe do nosso lanche: pão, uma maçã e uma garrafa de leite com chocolate para cada uma. Comemos e bebemos e tudo se passou normalmente. Não havia razão para não ser igual quando a convidássemos outra vez, pensámos.

Ela veio logo connosco quando a convidámos, alguns dias depois, e parecia ainda mais contente, como se ir passear e lanchar connosco se estivesse a transformar num hábito. Perguntou-nos se íamos convidá-la mais vezes e ficou contente quando lhe dissemos que sim, porque até àquela altura ela nunca tinha encontrado companhia para nada, andava sempre sozinha.

Talvez por gratidão devorou o lanche com tanto entusiasmo e bebeu o leite até à última gota. Estávamos alegres e ela sentia-se à vontade. Tinha encontrado, finalmente, amigas e até nos parecia menos feia e atrasada. Era, sobretudo, obediente, fazia exactamente o que nós queríamos, quase sem precisarmos de lhe dizer nada.

Agora começava, por exemplo, a sentir sono e a ficar tonta, e, antes que se sentisse mal, gritasse por socorro ou chorasse, deitámo-la no meio de nós, encostámo-la a uma pedra e pusemos-lhe a cabeça por cima da mochila e de um casaco dobrado, para ficar mais confortável.

Perguntámos-lhe se estava bem e ela disse que sim, como se tivesse receio de nos desagradar, ou medo de que fôssemos embora e a deixássemos ali sozinha.

Ficamos contigo, dissemos, adivinhando o que ela pensava. Não tenhas medo e dorme. Fizémos-lhe festas na cara, ela acenou com a cabeça e disse que se sentia mal.

Revirava os olhos e começou a ter vómitos, mas acabou por não vomitar porque entretanto ficou meia a dormir, mas continuava a gemer, virava-se para um lado e para o outro, com movimentos aflitos, e de vez em quando tinha uns arranques do estômago, fazia movimentos descontrolados e ouvia-se a respiração mais forte.

Parece um peixe fora de água, disse a Celeste, provavelmente está com dores.

Depois sossegou mais até parecer dormir profundamente. Então pegámos-lhe, a Germana segurou-a por debaixo dos braços, eu levantei-a pelos pés e levámo-la para o meio de umas ervas altas, logo mais adiante.

Deixámo-la ficar, tapada com o casaco da Germana, porque assim iam ter a prova de que tínhamos sido nós.

Só em casa nos assustámos com a ideia de que ela podia não morrer. Nessa altura teríamos tido todo aquele trabalho para nada. Tentativa de assassinato não seria notícia, porque tentativa de suicídio também não era. A não ser que se tratasse de uma grande estrela a tentar suicidar-se. Então já podia ter algum interesse como notícia, mas mesmo assim muito menos do que um suicídio verdadeiro. Tentativa de assassinato não era nada.

Assustámo-nos deveras e ficámos com raiva dela. Era tão desastrada e estúpida, saía-se sempre tão mal em tudo que podia falhar mais uma vez e não morrer. A ideia era tão aterradora que nos arrependemos de não ter escolhido a Vanessa, a Elizabete ou a Carina. Com tantas outras possíveis, tínhamos logo que escolher a Tânia.

Adormecemos a pensar que ela ia voltar à escola, no dia seguinte. Abrir a porta, atrasada como sempre, com ar de quem anda no mundo por ver andar os mais, e sentar-se outra vez no fundo da sala, meio de lado na carteira, apática, olhando sem entender, como se continuasse a dormir. Ela ia voltar, tínhamos a certeza. Continuar como até aí, uma espécie de morta viva, com quem ninguém se importava.

Mas ela não voltou, nem nesse dia nem no outro a seguir. Embora de cada vez que a porta se abria nós quase gritássemos, com medo de que fosse ela.

Não era, e aparentemente não se dava pela sua falta, porque ninguém notou a sua ausência nem perguntou por nada.

Só ao terceiro dia a notícia saiu no jornal. Foi a Carina que ouviu no café, e veio contar: Vocês sabem, a Tânia. Apareceu morta.

Saímos logo e fomos para casa, respirando de alívio. Amanhã vão saber que fomos nós. Hoje ainda, talvez. Ficou o casaco e a mochila. Basta seguirem a pista e vão-nos descobrir.

Mas podiam vir, estávamos preparadas. Tínhamos emagrecido, comprado roupa nova, mudado a cor do baton e escolhido outra sombra para os olhos, que não nos íamos esquecer de abrir o mais possível, debaixo da luz dos *flashes*.

E então foi tudo como tínhamos pensado: de repente eles aí estavam, carros, altifalantes, luzes, locutores, polícia, fotógrafos, páginas de jornais com grandes letras: *Adolescentes Matam Colega. Malefícios dos Mídia. Juventude à Deriva. Ausência de Valores. Falência da Escola. Onde estavam os Pais?*

Tem sido assim, cada vez se fala mais e ninguém está de acordo, todos os dias nos fazem interrrogatórios, são ouvidos psicólogos, psiquiatras, professores, pais, colegas, polícias, vizinhos, e há cada vez mais interesse e mais público, porque somos um caso mediático. Exactamente como tínhamos pensado.

Talvez a gente fique algum tempo atrás das grades, numa colónia correccional, continua a dizer a Germana.

Mas nenhuma de nós tem medo nem está preocupada. Temos a certeza de que tudo vai acabar com um belo pôr do sol em Miami.

As laranjas

Muitas mulheres se apaixonaram pelo pai, mas ele não quis saber delas. Apaixonou-se pela mãe, casou com ela e as outras mulheres deixaram de existir.

Que o casamento não tivesse dado certo – mas isso só se tornou visível mais tarde – foi uma ironia da vida. Mas já se sabe que a vida está cheia de ironias e se diverte a pregar partidas, à traição, não pode a gente fiar-se nela.

Na galeria das apaixonadas havia uma de quem às vezes se falava. Melhor dizendo, de quem a mãe falava, para dar às filhas um exemplo a não seguir. De acordo com a história, essa namorada era oferecida e descarada: o pai queria beijá-la e outras coisas e ela deixava, se quisesse levá-la para a cama e engravidá-la, ela teria ido sem mais aquelas.

Tamanhas facilidades assustaram o pai, que rapidamente se pôs ao fresco. Se ela era assim com ele, seria assim com todos, e quem lhe garantia que não lhos ia pôr na primeira ocasião, logo ali ao virar da esquina?

Mas com ele não, ora essa. Mulher séria era outra coisa.

Esses mesmos ensinamentos tinha certamente a avó transmitido à mãe, que se fingia desinteressada e esquiva, para sossego do pai, que a levou ao altar virgem como nascera. O pior (mas isso só se viu depois) é que, com tanto se fingir desinteressada, o desinteresse da mãe acabou por se tornar real. Apesar de os filhos (aliás, as filhas) irem nascendo e crescendo, e a certa altura serem seis pessoas em volta da mesa de jantar.

Havia ainda outro pormenor, na história da namorada: era filha do patrão que o pai tinha na época, e teria sido para ele o que se chama um óptimo partido. O fim do namoro teve como consequência o pai ser despedido e forçado a procurar emprego, com grande dificuldade, noutro lado.

Mas esse foi um mal menor. Empregos sempre ia havendo, mulheres sérias é que eram raras.

Por isso, aparentemente, o pai dava tanto valor à mãe, e a mãe dava tanto valor a si mesma.

Claro que, mais tarde, esta história acabou por surpreender e revoltar as filhas (os tempos tinham mudado, e os costumes). E (achavam elas) estava, com certeza, mal contada. Mas isso só perceberam depois, quando deixaram de ouvir a mãe e começaram a ter opiniões, por conta própria.

Durante muito tempo a história da namorada manteve-se como a mãe contava.

Ainda se mantinha nessa forma quando uma vez, inesperadamente, a namorada irrompeu no quotidiano: esbarrou na rua com o pai, que voltava das compras com a mãe, e se preparava para entrar em casa.

Foi ela a primeira a rir. Fez muita festa, apresentou o marido, que era um homem alto, bem vestido e bonito. Parecia tão contente por vê-los que a mãe se sentiu superior e segura e acabou por convidá-los a entrar. Nessa tarde foram oito pessoas em volta da mesa, tomando vinho do Porto e café e acabando com a provisão de bolos da despensa.

Havia de repente uma efervescência no ar, uma corrente eléctrica passava: mistura de alegria e de surpresa, ou prazer apenas, sem mistura. A namorada ria, o pai ria, o marido ria.

A mãe no entanto apenas sorria, e arrependia-se de os ter deixado entrar. Parecia agora apagada e pequena, num dos lados da mesa, enquanto a namorada enchia a sala com a sua presença e o seu perfume, a sua roupa cara (em que só agora reparava), as suas pulseiras brilhantes, os seus brincos e colares, o seu casaco de peles (que ficara pendurado na entrada), as suas histórias de viverem em Lisboa (portanto longe, tranquilizou-se a mãe), de terem uma quinta ali perto, aonde iam pouco, mas de onde voltavam precisamente agora.

Onde tinham plantado laranjais, disse o marido.

Faziam questão que provassem as laranjas, disse a namorada. Ia mandar-lhes um cabaz, nesse mesmo dia. Celebrando aquele encontro inesperado.

Depois de tantos anos, disse o pai.

O ar continuava eléctrico, a cada momento as filhas esperavam que alguma coisa explodisse. São lindas, as vossas filhas, disse a namorada.

Eles tinham um rapaz, disse o marido.

Mas não pareciam lamentar terem só um, pensaram as filhas. Guardavam tempo para si mesmos, para Lisboa, as quintas, as viagens de que falavam agora, enquanto a mãe parecia cada vez mais magra e pálida, do outro lado da mesa.

O ar continuou eléctrico ainda depois de a namorada se ir embora, levando as suas jóias e o seu casaco de peles, o seu marido e o seu riso, a sua exuberância e o seu perfume. E a temperatura emocional tornou a subir quando duas horas mais tarde alguém veio entregar o cabaz de laranjas. Como se a namorada tivesse voltado a encher a sala.

De novo as filhas pensaram que alguma coisa ia acontecer. Mas nada aconteceu.

Apenas dessa única vez a namorada irrompeu por um instante no quotidiano com a sua presença fulgurante – e desapareceu. Não teve nenhuma relação com a separação dos pais, anos depois. Entrou e saiu da vida deles como um relâmpago, e foi tudo.

Nada aconteceu depois disso, para além de comerem as laranjas.

A velha

A velha era felicíssima. Pois não é verdade que tinha uma boa vida e nada lhe faltava?

Só nessa manhã tinha encontrado um lugar vago num banco de jardim, nem demasiado à sombra nem demasiado ao sol, o eléctrico não vinha excessivamente cheio e também conseguiu lugar, o padeiro disse-lhe bom dia com um ar tão simpático, quando ela deixou em cima do balcão o dinheiro de três carcaças, e o empregado da mercearia ficou a conversar depois de lhe dar o troco e perguntou-lhe se gostava daquela nova marca de café.

O mal de muita gente era não saber dar o devido valor às coisas. A maioria esbanjava tempo e felicidade, da mesma forma que esbanjava dinheiro. Se se fosse a ver, poucos sabiam aproveitar o que tinham. Por exemplo, não aproveitavam a água quente, que ficava nos canos depois de se ligar o gás e de a água aquecer, não se lembravam de apagar logo as luzes do tecto quando passavam de um quarto para outro, nem desligavam os queimadores do fogão um pouco antes de a comida estar pronta. Sim, quantos faziam isso? E depois admiravam-se de o dinheiro não chegar ao fim do mês.

A ela, benzesse-a Deus, chegava sempre. Tinha tudo, e não precisava de se privar de nada. Mas é verdade que sabia poupar. Nunca estragava comida nem deitava fora o que sobrava, nem sequer meia carcaça, podia muito bem aproveitá-la na refeição seguinte. Tomava banho aquecendo água numa panela e despejando-a aos poucos sobre si própria, depois de se ensaboar, sentada num banquinho de plástico, junto ao ralo do chão. Como misturava sempre água fria, uma panela de água quente era o bastante. E, uma vez que agora era Verão, nem sequer precisava de aquecer muito a água, estava bem assim, apenas morna. Em todo o caso, como gastara tão pouca, a última água que sobrara deitara-a pelas costas mais quente do que a outra – oh, e como era agradável esse escorrer da água na pele, na temperatura desejada. Um púcaro de água cobria metade do corpo, o seguinte a outra metade, e era assim – dois púcaros de água, cobrindo todo o corpo, davam aquela sensação de plenitude.

Não precisava de mais nada, pensava enxugando-se com prazer na toalha limpa e cuidadosamente passada a ferro. É certo que algumas casas tinham quartos de banho modernos, com banheiras onde até se cabia deitado e onde a água quente nunca acabava nas torneiras. Mas, mesmo não tendo nada disso, não deixava a gente de tomar banho, com um pouco de habilidade e de esperteza. E tinha a certeza de que nem os ricos tinham toalhas melhor passadas do que as dela.

Agora no entanto custava-lhe mais a passá-las, porque o ferro de engomar era pesado como chumbo. Até a Rosalina tinha dito isso, quando viera visitá-la uma vez. No entanto havia cinquenta anos que passava a roupa com ele, não podia pô-lo de lado assim do pé para a mão, ou deitá-lo fora como a coisa sem préstimo. Até porque em cinquenta anos nunca se estragara. Não era só por economia que não comprava outro, era sobretudo porque não podia desfazer-se de quem sempre a tinha servido. Era-lhe tão familiar que quase podia conversar com ele.

Podia-se falar com as coisas, então não. As chávenas e o bule, também ali, de roda dela, perfilados em cima do paninho de renda. E os pratos de louça e a jarra de vidro, abria o armário e lá estavam, bem empilhados, brilhando. Como quando a gente sorri e os dentes aparecem, brilhantes, no meio dos lábios – assim os pratos e a jarra, no meio da porta.

Os objectos gostavam de ser tocados com mãos cuidadosas, e, para andarem bem, tinham de ser estimados. Uma casa, mesmo pequena, tinha sempre uma volta a dar, e muito que se lhe dissesse.

Era por isso que nunca se aborrecia. O relógio, a cadeira, a mesa, o casaco, a cortina caíam-lhe nos olhos, como se a chamassem: já viste como apanhei pó, estou a perder o brilho, criei gelhas, perdeu-se o botão, saltou um fio. Estava sempre ocupada, as coisas davam-lhe que fazer como crianças a quem se tem de dar atenção o tempo todo.

E se às vezes lhe davam folga, ou ela mesma decidia folgar, apanhava o eléctrico e dava volta à cidade. Nos meses mais quentes tirava um passe de terceira idade e passeava. No Inverno não valia a pena, estava frio e vinha logo a chuva e preferia não sair, por causa do reumatismo.

Mas, saindo só nos meses mais bonitos, o passe ficava ainda mais barato. Se fizesse a conta do preço a dividir por doze (ah, sabia bem fazer contas, sempre tinha sido esperta na escola) pois se fizesse a conta a dividir por doze ainda era menos que pagava pelo passe.

Gostava sobretudo do eléctrico da circulação, dava a volta à cidade sem ter de sair, e ainda por cima bem instalada, conseguia ficar quase sempre ao pé da janela. Ou, se não conseguisse na primeira volta, era certo que conseguia na segunda, porque entretanto sairia quem fosse à janela e era só empurrar-se um pouco e ocupar o lugar do outro, e então sim, via tudo como se estivesse no cinema.

Ao cinema propriamente ia pouco, há vários anos até que já não ia. Não era só por ser caro, é que às vezes as cadeiras estavam gastas e faziam-lhe doer as costas, e também nunca sabia se ia gostar dos filmes. E se não gostasse não podia fazer como na televisão e mudar de canal ou desligar, tinha de aguentar até ao fim, ou sair. E era um grande desconsolo sair a meio, já lhe tinha acontecido mais do que uma vez.

Por isso não ia cinema. Televisão via bastante, claro, mas

dava-lhe mais gozo andar de eléctrico. Em vez de ficar fechada em casa, andava no meio das pessoas e das ruas, mas sem se cansar, bem sentada. Gozando o espectáculo dos outros – olha ali aquela montra iluminada, aquele homem a correr, aquela mulher ajoujada com o cesto das couves. E ela ali, recostada na cadeira, sem carregar pesos, nem sequer o peso do seu próprio corpo – dava-lhe vontade de rir, tamanha facilidade.

Mas também gostava de caminhar a pé, quando andava melhor do reumatismo e não lhe doíam as artroses. Porque de vez em quando parecia quase milagre – não lhe doía a perna, o pescoço, nem o braço, podia fazer os movimentos quase todos sem estremecer nem dizer ai, era quase como se ficasse outra vez nova. E então saía de casa, ligeira, orgulhosa da facilidade com que punha um pé adiante do outro.

Caminhando viam-se as coisas de outro modo, noutra velocidade. Percebia-se que havia hera num muro onde antes não estava, descobria-se que a begónia de uma escada tinha crescido quase um palmo, desde a última vez que lá passara, que determinada janela tinha quase sempre um gato a dormir, atrás do vidro. Ou que, numa casa posta à venda, havia de repente cães de guarda rondando, na soleira da porta. Podia apostar se iam ou não ladrar, dessa vez, quando ela passasse.

Gostava de apostar consigo mesma, e quase sempre acertava. Se no dia seguinte ia ou não chover, se a Madalena ia ou não telefonar, se os vizinhos tinham deixado a porta da rua fechada ou aberta, quando ela chegasse.

Uma vez por ano, jogava na lotaria. Nunca tivera sorte, mas gostava de tentar. Uma vez por ano dava-se ao luxo de perder e fazia essa extravagância. Mas jogava também outros jogos, que de repente lhe vinham à cabeça: todas as semanas procurava na montra da loja da esquina os números que lhe pareciam mais prometedores. Assentava-os num papel e depois ia ver os números premiados, no dia em que andava a roda. Nunca acertava e metia com satisfação num mealheiro o dinheiro que não gastara. E assim tinha um duplo gozo – tinha-se divertido com a escolha do número, o palpite e a expectativa, e ainda por cima arrecadava o dinheiro, rindo-se da sua própria esperteza.

Escrevia de vez em quando aos filhos e aos netos, mas poucas vezes, porque percebera que eles não tinham tempo de ler as cartas. O que era natural, a vida de hoje era tão a correr, as pessoas sofriam muito, sobretudo as crianças, de um lado para o outro, saíam de casa de noite e entravam de noite. Mas ela estava livre dessa correria, tinha todo o tempo por sua conta.

É verdade que em alguns dias ele era mais difícil de passar, mesmo vendo a televisão até ao fim, porque já não tinha olhos para fazer malha. Claro que muitas coisas ela tinha perdido com os anos, em parte os olhos, e muita da saúde. Mas sobretudo pessoas. O Jacinto, antes de mais, e depois praticamente todos os amigos, e a família da sua geração. Durante anos afligira-se, de cada vez que riscava mais um telefone na agenda e via os nomes diminuirem a passos largos. Até que finalmente só restara ela.

Tinha as vizinhas, claro, e a porteira. Não havia dia em que não aparecesse uma, ou até mais do que uma, a desabafar, contar novidades, ou simplesmente a saber como ela estava. E havia a Madalena, que deixara de ser vizinha porque fora viver para casa de uma filha, mas não se esquecia dela e telefonava. As mais das vezes para lamentar ter saído dali, e aproveitando para se queixar do genro.

Por essas e por outras é que ela nunca iria sair dali, pensava a velha. Estava tão bem na sua casa, no seu quintal do tamanho de um lenço, onde podia apanhar sol quando não saía à rua e onde tinha a criação, para se entreter. Agora eram só galinhas, mas já tivera também coelhos. Acabara com eles quando começou a não poder baixar-se para lhes apanhar a erva. Teve pena, mas, vendo bem, as galinhas bastavam. Tinha sempre ovos, de vez em quando pintos, e depois a filha da porteira vendia-lhe os frangos no mercado. Frangos do campo, mais caros e muito mais saborosos do que os outros.

Sempre era um rendimento, e além disso um entretém e uma companhia.

Além de que gostava de ouvir o galo cantar. Acordava com ele, de madrugada. E também pelo dia adiante ele não parava de cantar.

Para dizer a verdade, a única coisa de que tinha medo era de que pudessem forçá-la a sair dali. Pensava nisso às vezes, sentada na cadeira de orelhas e olhando em volta os objectos da sala, entrincheirando-se atrás deles, como se pudessem protegê-la, o relógio da parede, a estante, a mesa, o guarda-louça, as cadeiras.

O dono da casa viera uma vez visitá-la, com falinhas mansas. Oferecia-lhe uma indemnização, para ela sair. Iria para um andar moderno, com esquentador, casa de banho e máquina de lavar a roupa, prometia.

Mas ela não se fiara. Mesmo que fosse verdade, não queria conhecer outras vizinhas. Podia não gostar delas, e depois? E o que iria fazer da criação? Porque não ia, é claro, desfazer-se das galinhas. Não lhe parecia possível viver sem criar nada.

O homem insistira, viera uma vez e outra, aumentara a oferta, mas ela não se deixara convencer. A porteira tinha-lhe dito que ela estava no seu direito, e que, por lei, não podiam despejá-la. Mas tinha muito medo de que mudassem a lei, estava-se num mundo incerto, e nunca se sabia.

Também tinha pavor de que a pusessem num lar.

A família podia fazer isso, se por exemplo ficasse inválida, se algum coisa má lhe acontecesse, se alguém tivesse de decidir por ela. Sim, disso tinha medo. Da morte não, ou pelo menos não tinha muito medo, embora houvesse algumas coisas desagradáveis ligadas à ideia da morte.

Pensava também nisso de quando em quando, olhando em volta, sentada na cadeira de orelhas. Às vezes adormecia.

Uma vez sonhou que dois homens batiam à porta, suados, um pouco aflitos, carregando um caixão. Pareciam dois gatos pingados, mas ela viu logo que eram anjos. Um deles era bastante calvo, o outro gaguejava um pouco e limpava o suor da cara com um lenço.

– É aqui?, perguntaram.

Ela disse que sim e mandou-os entrar. Pareciam cansados, tinham andado certamente muito, lá de onde vinham. Ofereceu-lhes um banco, depois de passar rapidamente sobre o tampo a ponta do avental. Foi buscar-lhes pão e queijo e um copo de vinho para cada um, e sentou-se do outro lado da mesa, a olhar para eles.

Os anjos comiam com satisfação, pegavam no pão com as mãos calejadas e afastavam dos olhos os cabelos ralos, que o suor lhes colava à testa.

– A senhora está p-pronta?, perguntou finalmente um deles sem levantar os olhos do prato.

Ela acenou que sim com a cabeça. Vestiria a sua melhor roupa, pensou num relance, e prenderia o cabelo com ganchos sobre a nuca. Eles dar-lhe-iam tempo para isso. E para colocar ela mesma duas jarras de flores de ambos os lados, à cabeça e aos pés.

– É uma grande viagem, disseram.

– Óptimo, disse a velha. Nunca viajei na minha vida. Para dizer a verdade tenho a maior curiosidade em saber o que está do outro lado.

Os anjos não responderam e sorveram mais um gole de vinho.

– Só que aí dentro não vou ver nada, disse a velha, reflectindo um pouco. Preferia que me levassem juntamente com a casa e todos os objectos –

– Não é p-possível, disse um dos anjos.

– Mas, se a senhora prefere, podemos levá-la sentada na cadeira, disse o outro.

E já de repente estava fora da casa, acima do telhado, sentada na cadeira, com os anjos a empurrar, cada um de seu lado, ela podia ver os telhados das outras casas, as ruas que se tornavam pequenas, como se andasse de avião, imaginava que devia ser assim que se andava de avião, ganhando altura. Sorriu de felicidade, porque nunca andara de avião na sua vida, e aquela era uma experiência curiosa.

De repente lembrou-se das galinhas:
– Esperem, esperem, gritou aos anjos, não posso deixar as galinhas.
– Não podemos voltar atrás, disse um dos anjos.
– Mas quem vai ocupar-se das galinhas, gritou a velha, cheia de aflição, não posso deixá-las.
– Não p-podemos descer outra vez, disse um dos anjos.

Mas o outro anjo era muito conciliador e disse ao primeiro:
– Baixamos um pouco, só até à altura da casa

e então baixaram só um pouco, a cadeira foi perdendo altura, com os anjos a segurarem-lhe nos braços,

até que a velha viu distintamente o galinheiro do seu quintal e chamou as galinhas, e o anjo que gaguejava fez-lhes sinal com a mão para que voassem,

e as galinhas e o galo voaram sobre o telhado até à cadeira de orelhas e empoleiraram-se nos braços e nas costas da cadeira

e então ganharam cada vez mais altura e a velha agradeceu, satisfeitíssima, vendo tudo tão claro lá de cima – as árvores, os telhados, as casas, os carros muito pequenos nas estradas, os rios e as pontes, a orla do mar, os campos semeados, as montanhas,

e depois ganharam mais altura e só se viam nuvens, voavam sobre um mar de nuvens, até ao horizonte, e essa era uma paisagem que não podia haver no mundo e a velha pensou, maravilhada, que as vizinhas não iam acreditar quando lhes contasse o que os seus olhos viam.

Mas não pôde contar, porque desse sonho nunca mais voltou.

Uma orelha

Não, não desligue. Por favor. Quero dizer: sei que você não vai desligar, pelo menos assim, sem mais nem menos, de repente. Desculpe. Não sei o que me passou pela cabeça, porque você nem falou em desligar. É que às vezes assusto-me, porque já tem acontecido eu estar embalada na conversa e de repente dizerem-me que estou a ocupar a linha há mais de uma hora e há outras pessoas à espera.

Não sei se você me disse isto, de outras vezes. Claro que não é sempre a mesma pessoa que atende, nem podia ser, dia e noite, sempre a mesma. Eu sei. Até porque as vozes mudam, são de homem ou mulher, mais jovens ou menos jovens. Tenho falado com muitos de vocês, provavelmente com todos. Já não devem suportar ouvir-me.

Nunca falei consigo? De verdade? Então é porque você entrou há pouco. Pois, a sua voz não me estava a parecer familiar, mas às vezes é difícil distinguir. Embora algumas pessoas até me digam um nome, para podermos identificar-nos de algum modo, Carlos, João, Maria. Mas tanto faz, sei que são nomes inventados, este serviço é suposto ser anónimo. Pelo menos para vocês. Mas eu, pelo contrário, posso dizer-lhe o meu nome, o verdadeiro. Ninguém me impede. O meu nome é Isaura.

Ainda bem que nunca falei consigo, sinto-me menos culpada se você nunca me ouviu, assim tenho a sensação de abusar menos da paciência dos outros. Deve ser terrível ouvir, vezes sem conta, as mesmas pessoas, repetindo as mesmas coisas.

Mas eu não posso calar-me, tenho de falar, entende? O telefone é quase uma presença, embora eu preferisse falar com uma pessoa, cara a cara. Não estar assim sozinha em casa, pela noite adiante, a falar para um buraco, preso a um fio, que, muito longe, está ligado a alguém. A uma orelha – que, provavelmente, a certa altura fica meio adormecida e cansada.

Imagino que você, tal como eu, muda de vez em quando o auscultador de uma orelha para a outra. Falar ao telefone é muito fatigante. Para mim também, acredite, embora eu entre em pânico só de pensar que provavelmente já falei demais e vamos ter de desligar. Por favor não faça isso comigo. Por favor. Ao menos hoje, atendendo a que nunca me ouviu. Posso propor-lhe uma coisa? Desta vez não tenho limite de tempo. Só desta vez. Quando tornarmos a falar, você recorda-me da conversa de hoje e interrompe quando quiser. Pode ser? Nem imagina quanto lhe agradeço.

Sabe, é que às vezes distraio-me, não tenho bem a noção do tempo, e é terrível ter de parar, quando me apetecia tanto falar mais. A gente só tem uma vida, e portanto só tem uma história. Quando se precisa de contá-la, é porque ela tem um erro, em qualquer parte. Se estivesse certa, a gente só a vivia, e nem dela falava. Quando a gente a conta, é porque está errada. Quanto mais errada, mais falamos dela. O que é absurdo, claro, porque não se pode emendá-la.

Quando uma conta dá errada, a gente torna a fazê-la até achar o erro. E então dá certo. Mas na vida não se pode repetir, nem voltar atrás.

Embora eu talvez esteja a procurar onde errei, ao falar consigo. Mas não sei se o erro foi meu.

Talvez nem tenha sido, o que não deixa de ser curioso.

Penso muito em contas, porque eu dava lições de matemática. Deve ser deformação profissional. Embora já há muitos anos não esteja ao serviço, deixei de trabalhar porque fiquei doente. A princípio não dei por isso, não sabia que estava doente. Depois foi tudo piorando.

Não sei se fui eu que adoeci, se foram as coisas em volta que me puseram doente. Na verdade penso que foram as coisas e as pessoas em volta. É por isso que tudo se tornou tão complicado na minha cabeça.

Julgo que poderia ter evitado o pior, se tivesse tido força de me afastar. Ou de afastar os outros, e ficar sozinha. Mas a gente tem sempre muito medo de ficar sozinha, não é verdade? Provavelmente este é o pior dos medos, embora esteja longe de ser a pior das coisas. Há situações muito piores do que ficar sozinho. Mas isso na altura eu não sabia. Ou não acreditava.

Tinha trinta e seis anos, dava aulas num liceu e explicações em casa. Foi quando me apareceu um explicando quinze anos mais novo do que eu. O Joaquim. A princípio não liguei, tratei-o como aos outros, matéria em dia, exercícios feitos, dúvidas tiradas, outros exercícios para fazer em casa.

No início nem sequer tive curiosidade em saber por que razão ele se atrasara tanto. Mas logo descobri que era inteligente e fiquei a saber a sua história: tinha andado a trabalhar vários anos até juntar dinheiro para tirar um curso. Ou era pelo menos essa a ideia, embora ele trabalhasse e estudasse alternadamente, por etapas.

Simpatizei com ele e ajudei-o o mais que pude. Ultrapassava o tempo da lição, emprestava-lhe livros. De começo livros de matemática, depois outros, contos, poemas, ele interessava-se por tudo. Ou parecia interessar-se. Vinha de um meio muito pobre, mas queria subir na vida, o que me parecia uma ambição legítima. Eu podia ajudá-lo – eu tinha sido privilegiada, não sabia o que era estudar e trabalhar. Em confronto com a dele, a minha vida era confortável. Tinha um ordenado fixo, um carro novo, era dona do andar em que vivia e herdara além disso alguns bens.

Não dei conta de que, disfarçada com a boa acção de ajudá-lo, eu alimentava uma paixão pelo rapaz.

Emocionalmente, estava sozinha. Tinha perdido os pais nos últimos três anos e o namoro com um colega terminara no último ano da Faculdade. Estava portanto disponível, e as coisas aconteceram naturalmente, envolvemo-nos numa relação que parecia satisfazer a ambos.

Casámos e fui feliz, durante algum tempo. Sim, posso dizer isso. Não me importava a diferença de idade, nem a diferença do meio social, embora não me agradasse a família dele, nem me sentisse integrada no grupo dos seus amigos. Nem ele se integrasse no grupo dos meus. No entanto vivíamos bem um com o outro e profissionalmente ele singrou depressa. Ajudei-o enquanto pude, depois ele enveredou pela informática e conseguiu um emprego bem remunerado. Nessa noite festejámos no melhor restaurante da cidade. Tínhamos conseguido a primeira etapa do que queríamos, agora o tempo iria fazendo o resto, limando as diferenças entre nós.

Pelo menos era o que eu pensava. Mas pouco depois soube a verdade: ele tinha uma relação com outra mulher, da idade dele. Provavelmente, já a namorava quando me conheceu. Eu tinha sido um degrau no caminho, um meio de subir mais depressa. Mas era da outra que ele gostava.

Como é que eu soube? Encontrei cartas, fotografias. Mas estou como você, custava-me a acreditar na evidência. Pus um detective atrás dele, gastei uma fortuna, e o resultado foi concludente: coincidia com o que eu pensava. Era como se ele se hospedasse em minha casa e namorasse outra, uma espécie de vida de estudante, que dorme com a dona da casa mas lá fora tem outra vida, a verdadeira. E, no fim do curso, vai-se embora.

Fiquei destroçada e tentei suicidar-me. No fundo não queria morrer, queria chamar a atenção dele. Foi o que disse o psiquiatra, e acho que aí tinha razão. Mas essa história do psiquiatra também teve que se lhe diga. Se não me perder, já lhe vou contar.

É verdade que eu queria o amor do Joaquim, queria que a história com a outra não fosse real. Mas era realidade, embora ele jurasse que não, que era eu que imaginava coisas. Até perante as provas do detective – fotografias, gravações de conversas – ele ficou imperturbável. Era eu que punha mal numa coisa que não tinha mal nenhum, a outra era apenas amiga, parente afastada, e aliás, segundo ele, até namorava outro.

Mas eram tudo mentiras, a ver se me enganava. Eu tinha quarenta e dois anos, nessa altura, ele vinte e sete. A minha vida tinha acabado, a dele apenas começava.

Ganhei medo de sair à rua, de ir para o liceu. Tinha a sensação de que toda a gente sabia a minha história e se ria de mim. Apetecia-me hibernar, desaparecer.

Cada dia me apavorava mais, ao olhar o espelho. Envelheci, decaí de repente. Tinha cabelos brancos e dentes estragados, as unhas partiam-se quando tocava em qualquer coisa, a louça caía-me das mãos. As pontas dos dedos tremiam, às vezes mal as sentia. Depois as mãos e os joelhos começaram a deformar-se, com artroses. Mas não foi por isso que quase deixei de andar. De repente, não sei porquê, fiquei com os movimentos tolhidos. Sobretudo nas pernas. Andar era um esforço imenso. Quase tudo, aliás, mesmo vestir-me ou pentear-me, exigia-me um esforço sobre-humano, os movimentos ficaram presos, como nos pesadelos. De noite tinha pesadelos e insónias.

Foi aí que ele insistiu que eu fosse ao psiquiatra. Disse-lhe que não, porque para a minha doença bem sabia eu aonde estava a cura. A minha doença era o desgosto. Mas ele insistia e insistia.

Eu dizia sempre que não. Até que a certa altura considerei a hipótese. E se fosse uma coisa psicológica, os movimentos presos, as tremuras, os pesadelos, a insónia? Se pudesse curar-me, melhorar ao menos?

Mas tudo me parecia tão difícil. Para começar, como escolher um psiquiatra? Pelo nome, na lista dos telefones? Se alguém se chama José, é preferível a chamar-se António? Se o apelido for estrangeiro, por exemplo Scott ou Schneider, é melhor do que chamar-se Santos ou Silva?

A lista dos telefones, classificada ou não, não me inspirava nenhuma confiança. Na altura, como vê, eu ainda raciocinava, embora já não ensinasse matemática. Mas ficou-me o costume de pensar. De preferência, pondo alguma ordem nas ideias. Assim por exemplo, eu achava que aquela barreira de secretismo e silêncio, por detrás da qual os psis se protegiam, não agoirava, para mim, nada de bom. Não me bastava um nome, nem um letreiro numa porta. Queria jogo aberto, informação: que escola, método ou modelo era o deste psiquiatra ou daquele, que caminho ia seguir para curar-me. Como podia eu colaborar. Qual era a minha doença, que livros podia ler sobre ela.

Não me resignava, portanto, a um papel passivo, nas mãos de outra pessoa que jogasse com a minha desinformação a seu favor. Vamos por partes, dir-lhe-ia: a interessada sou eu, quem paga sou eu. Portanto quero saber o seu método, para ver se me agrada ou não. E vamos também a ver: qual é a sua formação, que curso tirou e aonde? Que livros e artigos publicou? Claro, para eu ler primeiro e poder ter uma opinião sobre si, o que há de errado nisso?

Você também acha estranho este meu modo de pensar? O problema é justamente esse: toda a gente acha estranho o meu modo de pensar. Aparentemente, todos estão certos, menos eu.

O Joaquim também achava isso: que eu tinha um modo muito estranho de pensar. Inventava outra mulher na vida dele, quando ele só tinha olhos para mim. Mas estava cada vez menos em casa, e eram cada vez mais as pretensas reuniões de trabalho à noite, sem hora de chegar.

Por que não me separei dele, não o pus fora de casa, não o mandei viver com a outra? É uma boa pergunta, mas já lhe disse a resposta: porque gostava dele, apesar de tudo. Por medo de ficar sozinha. E porque as pessoas não são lógicas, nem racionais. Eu era tudo menos isso, apesar da matemática.

No fundo de mim, deixava-me embalar pelas palavras dele.

Às vezes, quase acreditava que ele me tinha amor, que era eu que inventava a outra. Era-me fácil acreditar nisso. Não saía de casa, nem falava com ninguém. Nunca vi a outra, em carne e osso. Ela tinha, no fundo, a consistência de um fantasma.

Até que achei outra carta, numa gaveta dele, e fiz nova tentativa de suicídio. Desta vez tomei mais comprimidos, e foi mais grave. Acordei no hospital, com enfermeiros e médicos à volta, e o Joaquim a afagar-me o rosto.

Havia um médico que aparecia mais que os outros, a conversar comigo. Por que razão fizera aquilo, como me tinha sentido nessa altura, como me sentia agora?

Eu estava pouco interessada em ouvi-lo, ainda menos em responder-lhe. Mas o Joaquim parecia confiar nele. Várias vezes os vi conversar à porta do quarto, meio de costas para mim, baixando a voz.

Quando tive alta e voltei para casa, o Joaquim anunciou-me que fazia questão de me ver curada. Aquele médico era psiquiatra e passaria a vir ver-me, todas as semanas.

Não reagi, era-me indiferente. Nenhum médico podia mudar a minha vida, nem trazer-me o Joaquim de volta.

Mas foi assim que o médico passou a vir. Chamava-se Mário Si – Mário S., está bem, sossegue que não lhe vou dizer o nome, uma vez que vocês fazem questão do anonimato.

Não gostava dele, mas era uma companhia. Sabia que viria, à sexta-feira, e, aparentemente, se interessaria por mim, ou pelo menos pelo que eu contasse. E eu precisava de atenção. De algum modo, pensei, restabelecia-se um frágil equilíbrio: o Joaquim ia ter com outra mulher, mas outro homem vinha ter comigo. Que tivesse sido o Joaquim a enviar-mo, era uma certa ironia do destino.

Mas é claro que nunca perdi a noção de como a situação de cada um de nós era diferente: ao contrário do Joaquim, eu não tinha um encontro de amor à minha espera. Nenhum homem poderia amar-me – foi o que me ficou, da relação com ele. Eu seria sempre deitada fora (o cabelo branco, os dentes estragados, as unhas quebradiças, a quase incapacidade de andar). Nunca mais me iria apaixonar, e seria impossível que algum homem se apaixonasse por mim alguma vez.

De resto, em relação ao médico, nunca esteve em questão uma relação desse tipo. Mas com o tempo é verdade que lhe ganhei amizade e confiei naquele homem que vinha à sexta-feira, e às vezes me pegava nas mãos, como se tentasse trazer-me para fora da minha prisão, ou do meu exílio, e depois me receitava antidepressivos e calmantes.

Agradecia-lhe o seu esforço, mesmo que fosse inútil, porque nunca melhorei. Foi por isso que um dia lhe dei uma jóia de família, e ao fim de um ano lhe tinha dado todas. Embora soubesse, naturalmente, que o Joaquim lhe pagava as consultas. Mas sentia-me grata pelo seu interesse, e pela companhia.

O Joaquim enfureceu-se comigo, quando soube das jóias, e gritou um chorrilho de impropérios contra o médico, que nunca mais voltei a ver.

Desde então é outro médico, amigo do Joaquim, que passa as receitas sem me visitar, e o Joaquim que me traz a medicação da farmácia. Jantamos sempre os dois e ficamos depois a conversar, enquanto ele bebe uísque, licor ou conhaque. Tem na sala uma provisão de garrafas e, quando começa a beber, pergunta-me sempre se não quero acompanhá-lo.

É assim há muito tempo, o jantar a dois, as bebidas com o café e ao serão. Eu tinha falado nisso com o psiquiatra: não acha estranho que ele me convide todas as noites a beber, quando sabe que não posso tomar álcool, com estes comprimidos?

Mera cortesia, respondeu-me. Em que está a pensar?

Penso que ele faz de propósito, disse-lhe. Mas o médico apenas sorriu.

Demorei muitos meses até lhe dizer o que realmente pensava, o que me fazia entrar em desespero e me voltava obsessivamente à ideia:

É uma coisa montada, disse-lhe. Desde o princípio. Agora

vejo tudo muito claro. Eu podia nunca saber que a outra existia. Mas ele sempre quis que eu soubesse. Por isso deixou à mão as cartas e as fotografias. Para me destruir e enlouquecer. E quase conseguiu. Se eu me suicidar, é ele o herdeiro. Viverá feliz com a outra nesta casa, com tudo o que era meu.

Querida Isaura, disse o médico serenamente, com bonomia. Nem o seu marido nem o mundo montaram um *complot* contra si. O Joaquim está do seu lado, tanto como eu. É a pedido dele que eu aqui estou, não se esqueça disso.

Não respondi, porque me parecia sensato o que ele dizia.

Só depois, quando ouvi os insultos que o Joaquim proferiu, por causa das jóias, uma imagem me veio de repente à cabeça: o Joaquim e ele falando baixo, de costas para mim, à porta do quarto do hospital; o médico era-me enviado pelo Joaquim. O médico podia fazer parte do *complot*.

Sim, reflecti, podiam aliar-se todos para me enlouquecer. Eu seria dada como irresponsável, e o Joaquim teria acesso a todos os meus bens. Ou, melhor ainda, eu suicidava-me e deixava-lhe o caminho inteiramente livre para ser feliz com a outra. Senti-me tremer e transpirar, pensando nisso. Tinha sido tudo encenado para me levar ao desespero.

Agora que o Joaquim despediu o médico, estamos sozinhos em cena e ele representa o seu papel, todas as noites, vindo jantar comigo. Aparentemente cheio de atenções e de carinho, como um rapaz bem educado cumprindo o dever de visitar uma mãe velha. Pergunta-me como estou, diz-me que tenho melhor aspecto, traz pequenos presentes, como chocolates, revistas e jornais.

Mas agora quase nunca dorme em casa, e não tem sequer pudor em inventar desculpas. Serve sempre a mesma, as reuniões de trabalho, muito urgentes.

No entanto demora-se, depois do jantar, que ele próprio serve, porque a empregada que cuida da casa e de mim saiu pelas seis e meia ou sete. Faz ele mesmo o café e vai buscar dois copos de cristal e as bebidas, que me oferece sempre.

Durante muito tempo recusei, com o argumento de que não podia, por causa dos comprimidos.

No entanto houve uma noite em que aceitei, e um sorriso de alegria lhe iluminou a cara. Não, não estou a imaginar. Eu vi como o seu rosto mudava e como ele redobrava de atenções comigo.

Ele não sabe que, também da minha parte, é um jogo, um papel que represento. Quando ele chamou ao médico ladrão e farsante, perdi a confiança na medicação, que de resto nunca me pareceu benéfica, apenas me deixava sonolenta e prostrada. Aos poucos, diminuí as doses, até que, ao fim de seis semanas, deixei de tomar os comprimidos. Substituí por vitaminas os que tomo, diante do Joaquim, ao jantar.

Dias depois aceitei um uísque, e daí para a frente acompanhei-o no que quer que ele beba – licor, vinho do Porto ou conhaque.

A partir desse instante ele anima-se, a conversa anima-se, e o serão estende-se, com o tinir dos copos que ele mantém sempre cheios.

Mais tarde comecei a deitar fora pequenas quantidades de líquido, de todas as garrafas, para ele pensar que passei também a beber, durante o dia. Muitas vezes finjo-me tonta e confusa e muito mais cansada do que estou realmente. Ele entrou no jogo, sem hesitação. Tenho a certeza de que comenta com a outra que eu caminho para o fim a passos largos, e ambos se devem rir.

Por que não tomo uma atitude, se é assim? Não duvide de que também pensei nisso. Deserdá-lo, por exemplo, em testamento? Claro que já me ocorreu. Seria uma forma subtil de vingança, que eu não iria presenciar, porque estaria morta, mas poderia gozar, em imaginação, antecipadamente. Deixaria tudo à Misericórida, a obras de protecção a crianças pobres. Ele teria tido tanto trabalho, para nada.

Mas estamos a esquecer um pormenor: eu não saio à rua,

e quase não posso andar. Teria de mandar vir o notário a minha casa, isso chamaria a atenção da empregada, e ele saberia.

Não quero chamar-lhe a atenção, nem levantar suspeitas de que vejo muito claro o jogo dele. E sabe porquê? Porque espero por ele para jantar. O dia inteiro espero por ele. Não poderia viver sem a sua companhia. Mesmo que saiba que o seu carinho é falso, que apenas representa um papel. Mesmo assim eu espero que venha, e o prazer do jantar e do serão é real.

É para jantar que me visto e me penteio, que por vezes procuro na gaveta um alfinete ou ponho aos ombros uma echarpe de seda. Quando nos sentamos – quando ele me segura a cadeira e me ampara, até eu me ter sentado – é como se uma festa começasse. Com música de fundo, que selecciono sempre com cuidado, e uma vela acesa sobre a mesa.

Sei que ele virá, quando chegar a noite, e esperar esse momento tornou-se para mim um modo de vida. Por vezes, quando a conversa se anima e rimos ambos, quase esqueço que é tudo encenação. Esqueço que também eu sou mentirosa e fingida, bebo álcool sem tomar os comprimidos e deito fora o conteúdo das garrafas, que ele se apressa a substituir por outras cheias. Esqueço tudo isso, algumas vezes, deixo-me embalar pelo meu amor por ele.

Embora outras vezes me afunde em desespero, porque sei que, do meu lado, o jogo está perdido, e serão sempre eles a ganhar no fim. De que me serve ser inteligente e esperta? O que me adiantam as estratégias de resistência às armadilhas dele? Só estou a prolongar o meu sofrimento, mais nada.

Muitas vezes penso que era melhor obedecer ao seu desejo, beber álcool e engolir os comprimidos. Tomando todas as precauções para que o suicídio não falhasse, desta vez.

Mas depois resisto, lavo-me e penteio-me, e espero por ele para jantar. Se ele deseja a minha morte, não vai tê-la tão cedo, penso. O que também é uma pequena forma de vingança.

Em qualquer dos casos, sei que não tenho saída. Quer eu

prolongue ou não a minha vida, já estou morta. São eles que estão vivos e viverão depois de mim.

Eu – não tenho consistência. Você, por exemplo, também não acredita em mim, tenho a certeza. Não sabe se é verdade a minha versão da história.

Às vezes eu própria também não estou segura, a tal ponto me habituei a ouvir dizer que minto. A começar pelo médico. Todos iriam acreditar nele e não em mim. Eu sou a louca, não é verdade? Ele iria jurar que não aceitou as jóias, que nunca lhas ofereci. E o Joaquim juraria que a outra não existe, nunca existiu.

Não há ninguém a quem contar, ninguém que me possa servir de testemunha. Quando falo consigo sei que estou a falar sozinha, porque você não é uma pessoa real, é apenas uma orelha, do outro lado do fio. Uma orelha a que me agarro, no meio da noite, com um fio de voz. Mas a minha voz também é ilusão. Ninguém me ouve, só tenho a ilusão de ser ouvida. Estou cercada de todos os lados, e sem voz.

Mesmo que eu abrisse a janela e gritasse, mesmo que eu tivesse voz e a minha voz fosse alta como uma sirene de ambulância e eu abrisse a janela e gritasse – quem me ouviria?

A visita

Não sei se a minha mãe não queria António porque ele só tinha um braço, ou se era (como depois ouvi dizer) por ele ser pouco virado para as mulheres, porque nunca ninguém lhe conheceu nenhuma. De qualquer forma, na altura nada disso fazia sentido para mim. A única coisa que me interessava era o jantar de festa que a sua chegada anunciava.

Agora penso que ele poderia ter dado dinheiro à minha mãe, para ela comprar a comida. Mas na verdade nunca foi assim que as coisas se passaram, era sempre ele que trazia o jantar já pronto – dois frangos assados, barrados com molho picante, embrulhados em papel vegetal, um pacote de batatas fritas, um naco de presunto, queijo fresco, um grande pão de centeio partido em fatias, uma garrafa de vinho, maçãs, um pacote de bolos secos e bagaço para acompanhar o café.

Acredito que, se ele desse o dinheiro à minha mãe, ela se punha logo a fazer economias: assava os frangos ela mesma e descascava e fritava as batatas. Ela própria explicou que se poupava assim muito dinheiro, porque se pagava o dobro pelo trabalho que dava a fazer, era por isso que cozinhar para fora podia ser negócio.

No entanto, António trazia sempre a comida já feita, sem lhe dar ouvidos. Nós – isto é, eu e os meus dois irmãos mais novos – aprovávamos em silêncio, lambendo os dedos. Tínhamos a certeza de que a minha mãe, entregue a si própria, não usaria aquele molho, que devia ser caro, nem provavelmente fritaria as batatas, porque se podiam assar juntas com o frango, aproveitando o calor do forno. Ela mesma disse que era uma questão de economia. E nunca haveria na mesma refeição presunto e queijo fresco, nem sobremesa de fruta. Muito menos bolos acompanhados com bagaço.

A chegada de António era portanto uma ocasião especial, que se podia marcar com lápis de cor no calendário. Só era pena que a sua visita fosse tão rara: duas vezes no ano, não mais do que isso. Tínhamos a certeza, porque eu não deitava fora os calendários velhos. Folheava-os às vezes, quando sentia falta – se quiser ser honesto não poderei dizer de António, mas dos jantares de António. Ele era uma aparição fugaz, e não posso considerar que cheguei verdadeiramente a conhecê-lo. Mas nunca desejei tanto a chegada de alguém como na infância desejava a dele.

No entanto, a sua visita não parecia depender de nenhuma razão, nem era previsível. Assim, por exemplo, no ano anterior ele viera em Janeiro e Setembro, dois anos antes em Março e Maio, três anos antes – e era este o calendário mais antigo que eu possuía – em Abril e Outubro. Nunca se sabia, portanto, quando. Ou mesmo se voltaria. Quando lhe perguntávamos, a minha mãe não respondia, encolhia os ombros como se não lhe importasse. E provavelmente não lhe importava de facto.

Agora que penso nisso, não me recordo se António alguma vez passou a noite lá em casa. Adormecíamos sempre, eu e os meus irmãos, antes da hora de eles se deitarem. Algumas vezes caímos a dormir sobre a mesa, tontos de vinho e de bagaço, ou eles levaram-nos ao colo, meio entorpecidos, para a cama. No dia seguinte, quando acordávamos, já António se tinha ido embora. Andava embarcado, acabou por dizer a minha mãe. Por isso vinha tão poucas vezes. Mas a ela pouco lhe importava. Nunca soube se alguma dessas coisas era verdade: ela não se importar, e ele andar embarcado.

António talvez nunca dormisse, portanto, em nossa casa, mas o Benevides dormia lá às vezes. Por isso um dia a minha mãe engravidou e ficou muito aflita. Tinha medo de abortar, já de outra vez tinha estado quase à morte, disse ela à vizinha Joana, perguntando-lhe se sabia de alguém de confiança. De confiança mesmo a gente nunca sabe, disse a Joana, mas quando o aperto é grande não há outro remédio. A minha mãe chorava e parecia cada vez mais desesperada, com o passar dos dias.

Ele sempre lhe há-de dar algum para a criança, se ela vier, dizia a vizinha Sara. Mas a minha mãe abanava a cabeça e dizia que o Benevides era casado, tinha outros filhos a criar e não se ia importar com aquele. Visse lá o meu pai – batia-lhe e tratava-a mal quando estava com ela e depois o tribunal mandou-lhe dar uma pensão para nós e que é da pensão, nunca mandava nada, ela já se tinha queixado e tornado a queixar e o tribunal não fazia caso. E agora, por muito que ela se matasse a trabalhar a dias, como é que ia dar de comer a quatro crianças. E se abortasse e morresse o que ia ser de nós os três.

Assim, a minha irmã acabou por nascer. Mas pouco depois soubemos que tinha uma doença rara e a minha mãe teve de aprender a dar-lhe injecções, várias vezes por dia. Além disso precisava de tomar remédios, que ficavam caros. Nenhuma creche a aceitava, naquelas condições, e a minha mãe teve de deixar de trabalhar para tomar conta dela.

Durante muitos meses, vivemos da ajuda dos vizinhos. Só em meados do ano seguinte o tribunal localizou o meu pai e passaram a mandar algum dinheiro à minha mãe, que lhe descontavam a ele, no ordenado. Estava longe de ser suficiente, mas era melhor que nada. E depois a Joana aprendeu a dar injecções à minha irmã e aceitou ficar com ela metade do dia, e a minha mãe voltou a ir trabalhar a meio tempo. A vida tornou a entrar numa rotina, reinstaurou-se o que nos parecia normalidade. Sobrevivemos. Excepto a minha irmã, que morreu aos cinco anos. A minha mãe chorou muito, mas as vizinhas diziam que era melhor assim, porque ela nunca ia ser normal.

Lembro-me daqueles meses em que a minha mãe não ganhava. Lembro-me sobretudo dos sábados e domingos, porque nos outros dias eu e os meus irmãos tínhamos o pequeno-almoço e o almoço de graça na escola, e não nos importávamos de comer sopas de vinho ao jantar. Aos sábados e domingos era pior, havia de manhã pão e café e tomávamos sopas de vinho à noite. Mas, apesar de ficarmos tontos, custava-nos a adormecer, dávamos voltas sem sossegar na cama e sonhávamos com comida, quando adormecíamos. Não só eu, também os meus irmãos, porque às vezes falávamos sobre isso.

Lembro-me de um domingo em que a minha mãe saiu e nós procurámos em todos os armários, vasculhámos todas as gavetas, e tudo o que encontrámos foi duas batatas cruas e uma lata de salsichas vazia. Demos um pontapé na lata, e depois muitos mais, como se fosse uma bola, atirada uns aos outros e contra as paredes. Fazia aquele barulho estralejado e oco, de lata batida, e quanto maior o barulho maior a raiva que sentíamos. Ao fim de algum tempo transpirávamos, pisando a lata como se ela fosse culpada.

Então limpámos o suor e bebemos água. A seguir cozemos as batatas, tirámos-lhes a pele, partimo-las aos bocadinhos e começámos a comê-las com as mãos. A única coisa boa era que estavam quentes.

Depois o prato ficou vazio e não havia mais nada que pudéssemos fazer.

Então alguém bateu à porta. Fomos abrir e no primeiro instante ficámos pregados ao chão e sem fala. Só depois de António dizer «Então, rapazes», desatámos todos a falar ao mesmo tempo, e arrastámos para dentro os sacos de comida, que pesavam demais para ele segurar, só com um braço.

Noctário

Quando vivia com Jaime, sonhava às vezes com André. Eram sonhos confusos, e em geral não eram felizes. No entanto eram sonhos apesar de tudo bem-vindos, porque acordava com alguma coragem para enfrentar o dia.

Mas era claro para mim que tudo tinha acabado com André. Foi com ele que percebi que ser jovem, bonita, eficiente, inteligente, brilhante e bem sucedida eram coisas que podiam voltar-se contra mim e impedir-me de ter o meu quinhão de apoio e de ternura, de que eu necessitava como qualquer mortal.

De algum modo André achava que a vida não fora equitativa e me favorecera. Por vezes generalizava, e achava que o mesmo se passava com todos os homens e todas as mulheres. No seu modo de ver, as mulheres tinham mudado muito mais rapidamente do que os homens, éramos exemplares mais perfeitos e adaptados de uma nova espécie de humanidade, competitiva e pragmática.

De nada adiantava eu dizer-lhe que tudo isso eram preconceitos, que não estava a competir com ninguém, muito menos com ele, que precisava do seu amor, dos seus braços em volta do meu corpo, de encostar a cabeça no seu ombro, de partilhar com ele sentimentos, risos ou lágrimas, sem esconder nada.

Na verdade ele sentia-se humilhado por eu ganhar mais do que ele, e, quando eu levava a bom termo uma causa difícil, ou realizava um bom negócio, ele reagia, como se tudo o que eu conseguia na vida lhe tivesse sido roubado a ele. Eu defraudava-o, só por existir.

As belas noites de amor que no início me levavam – nos levavam, tenho a certeza de que posso falar no plural – ao mais alto dos céus, começaram a rarear e a dar lugar a semanas de mutismo e de ressentimento da parte dele, que eu tinha a maior dificuldade em contornar.

Comecei a sonhar com aviões caindo. Sim, penso que esses sonhos foram os primeiros sinais de alarme. Eu pilotava um avião, mas não tinha *brevet*, e a certa altura o avião incendiava-se e caía.

Em alguns sonhos eu era a única pessoa a bordo, outras vezes André estava comigo, eu gritava e não sabia como protegê-lo da minha ignorância de pilotar. Acordava exausta e transpirada, sentindo que a nossa queda era culpa minha.

Noutros sonhos eu queria chegar a casa e não conseguia. As ruas eram-me familiares, sabia que só podia estar perto, mas à medida que avançava ficava cada vez mais longe. De nada servia perguntar, as informações que me davam só me confundiam.

Lembro-me de uma vez acordar em lágrimas, no meio da noite, e abraçar André, que não chegou a despertar completamente.

Saí de um autocarro, no meio de um descampado, disse-lhe. Não havia uma única casa, nem uma única árvore.

Ele não me ouviu, abraçou-me e continuou a dormir. Mas aos poucos acalmei, ouvindo a sua respiração tranquila, sentindo o calor do seu corpo. Eu estava com ele, senti. Não estava perdida.

Pensava nisso algumas vezes, durante o dia: apesar de tudo tinha alguém à minha espera, e um lugar onde me sentia em casa.

Mas à noite os sonhos voltavam: procurava debalde o caminho, precisava de telefonar, mas não tinha telemóvel. Começava a andar, à procura de um telefone, mas perdia-me em bifurcações, em caminhos de areia, onde me enterrava até aos tornozelos, e não levavam a nenhum lado.

Depois, enchia taças de champanhe, de pé fino e alto, com pedaços de laranja, sumo e palha de ovos, e assentava sobre elas os calcanhares, de modo que os sapatos ganhavam saltos enormes, de vidro. Comecei a andar, sem esforço, admirando-me por o vidro aguentar tão bem com o meu peso.

Lembrei-me do sonho no dia seguinte, quando peguei nos sapatos azuis, muito altos, de tacão fino.

André seguia, com reprovação, os meus gestos de levantar levemente uma e outra perna, de calçar os *collants* azuis escuros e os ir esticando, do calcanhar até à coxa. Olhava-me com raiva, de barba por fazer e de pijama, porque nessa altura tinha perdido o emprego e não tinha a menor pressa de sair de casa.

Era por causa dos meus sapatos altos e do seu finíssimo tacão, da minha estratégia de calçar meias azuis e de me oferecer aos outros homens que ele vagueava pela casa, sem coragem de procurar trabalho.

Foi o que me disse, ou pelo menos foi essa a ideia que ficou, depois de uma discussão violenta e completamente absurda.

Percebi que não podia resolver os problemas dele, e o melhor mesmo era cuidar de mim.

Nessa noite não voltei (era no apartamento dele que então dormia).

Quando conheci Jaime, dez meses mais tarde, pensei que nunca iria ter os problemas que vivera com André. Aparentemente ele aplaudia o meu sucesso, as causas ganhas, as lutas superadas, o dinheiro que entrava – sempre, em qualquer caso, muito menos que o dele. Respirei de alívio. Tudo ia dar certo, desta vez.

Até perceber que para ele a nossa relação assentava justamente nisso – no lucro que os meus ganhos pareciam representar, para uma vida em comum. Em que todavia nada era em comum porque tudo era contabilizado e assente num caderno, até ao último cêntimo: quem tinha pago o cinema, o arrumador, o restaurante, o parquímetro, o conserto da torneira, a TV

Cabo, a lavandaria, a portagem da auto-estrada, o bilhete do metro.

Ninguém lhe arrancasse um cêntimo, parecia ser a sua preocupação mais premente. E do mesmo modo, ninguém lhe arrancasse uma gota de esperma – era ele que decidia sempre como e quando. A ideia de ser explorado, económica ou sexualmente, apavorava-o.

Três meses depois bati com a porta. Não queria nem um cêntimo do seu dinheiro, nem uma gota do seu esperma.

Lembro-me do sonho da última noite que passámos juntos:

Eu estava num planeta deserto, onde havia uma casa, com janelas iluminadas. Um homem e uma mulher saíram alegremente da casa, com sobretudos iguais, de caxemira cor de camelo. Lá fora havia um cão que começou a uivar quando eles saíram, porque percebeu que ia ficar sozinho. Eu sabia que, se eles o ouvissem, abririam a porta e o deixariam entrar. Mas foram-se embora. A angústia do cão era tão grande que comecei a uivar com ele.

Nessa altura Jaime acordou sobressaltado e acendeu a luz.

– O que há?, perguntou-me.

– Nada, disse eu. Estava a sonhar e, provavelmente, gritei.

– Não, disse ele. Uivavas.

Uivaria para sempre, inutilmente, se ficasse contigo, pensei. Diante da tua porta fechada.

Porque eu era o cão.

Depois disso, mudei de casa. Já que não podia mudar mais nada na minha vida, e me parecia absurdo mudar outras coisas exteriores e menores, como o corte de cabelo, a marca da roupa ou a cor do verniz ou do baton.

Mas mudar de casa revelou-se uma decisão acertada, porque conheci Alberto. O vizinho.

Cheguei um dia ao patamar, com os sacos do supermercado, ele vinha justamente a sair e ajudou-me a levá-los até à porta.

Quando voltei a encontrá-lo, ele segurou a porta do elevador, à minha espera, e descemos juntos, falando sobre nada.

Não me lembro quanto tempo passou, mas sei que foi pouco, até dormirmos conforme calhava numa casa ou noutra – as duas portas ficavam lado a lado. Ambos tínhamos saído magoados de relações anteriores, e aproximámo-nos com gestos de veludo. Acima de tudo, não magoar nem ficar magoado.

Mas a normalidade de Alberto era uma revelação e um bálsamo. Sim, é verdade, acima de tudo ele era – normal. Exactamente como eu desejava que fosse. E também para ele eu era normal. Nem monstruosa, nem assustadora. Uma mulher, portanto. Não se sentia agredido e por isso não se defendia, nem atacava. Estávamos simplesmente lá, um com o outro, e isso era bom.

Por isso eu sonhava sonhos bons:

Ia com ele por uma rua ou espaço aberto, e estava muito alegre. Havia um eléctrico que eu via passar, levando na parte de trás uma luz vermelha acesa, como um farol. Aquela luz enervava-me, era uma luz de alarme. Corri atrás do eléctrico e apaguei-a, carregando num interruptor. Tive a sensação de que, ao conseguir apagá-la, tinha resolvido um enorme problema.

Almoçava com Alberto numa cantina, no meio de muita gente. Era um espaço coberto, e ele dizia-me que podia ver a cor de que as pessoas estavam, para lá da cor real com que se vestiam. Perguntei-lhe qual era a minha, ele respondia que era verde. Ou branco.

Saíamos de uma casa grande, descendo uma escada, e passávamos, depois de um muro, para uma casa de campo. Era uma passagem natural, sem transição nem ruptura. Alguns móveis rodavam, sozinhos, atrás de nós.

Parte da casa onde agora estávamos era uma carruagem de comboio em andamento, muito extensa. Eu estava parada, à porta da carruagem que se movia depressa, via pessoas sentadas a mesas, como num *wagon* restaurante, e pensava que as mesas eram tão pequenas que podiam ser utilizadas, inclusive, por crianças.

Poderia ter sonhado a vida inteira, noite após noite, ao lado de Alberto. Poderíamos ter tido filhos. As crianças poderiam ter saído dos sonhos e entrado, sem bater, nas nossas vidas. Em alguns sonhos era muito forte a certeza de ter chegado, e de não procurar mais nada.

Havia algures um espelho enorme, atrás de uma banca de mármore com vasos de flores. Eu olhava-me ao espelho e pensava que nada me separaria de Alberto.

Nada me separaria de Alberto. Essa sensação era tão forte no sonho.

Mas na realidade fomos separados. Ele morreu num acidente de carro, três anos mais tarde.

Houve uma noite em que não voltou.

Aconteceu há um ano e meio, e parece-me irreal. Algumas imagens, ainda as vejo no meio de névoa, porque não consigo enfrentá-las. Não acredito como foi possível. Recordo os pormenores, os momentos antes e depois, como se aquela noite pudesse ser afastada e não acontecer.

Por vezes sonho que ainda somos vizinhos. Quero sair de casa, mas só tenho um sapato. O outro está em casa de Alberto.

Há noites em que fico acordada e penso que nunca mais vou querer outro homem.

E há dias em que me empurro com esforço para a frente, repito a mim própria que sou uma mulher normal, que o desejo de sexo e de ternura me vai levar a procurar outros homens, e que esse é um facto que terei de admitir, mais cedo ou mais tarde.

O caminho por onde vou passa por dentro de casas sucessivas, sonho. Como um longo corredor – e no entanto são casas distintas.

No jardim da casa onde estou há agora uma espécie de canteiro. Metade está cultivada com arbustos e flores, o resto em pousio. Alguém me diz que vai levar algum tempo até podermos (termos autorização? nos ser possível?) cultivar também essa parte. Fico um pouco surpreendida, mas admito que isso pode ser qualquer lei, ou cláusula do contrato, quando comprámos a casa. Mas isso parece-me um pormenor sem importância.

Acordo e, no fundo de mim, sei que terei de recomeçar a minha vida, de algum modo. De contrário, vou enlouquecer.

Mas retardo esse momento o mais que posso. Quero ficar o mais tempo possível com Alberto.

Sonho que fazemos amor, e o sexo sonhado é quase tão real como na vida. Quase tão real.

E depois estamos parados à beira de um rio e vemos passar animais selvagens. Mantemo-nos muito quietos, como se nos fossem atacar. Ao mesmo tempo, os animais são de uma beleza assustadora: desliza diante nós, arrastada pela corrente, uma família de tigres, como grandes gatos sentados. Há depois um animal enorme que passa por nós vertiginosamente e por um milímetro não nos derruba. Parece-se com um javali de pele escura, mas anda sobre duas patas e corre a grande velocidade. Se ficarmos muito quietos, os animais não nos tocam, nem a morte nos leva. Se ficarmos muito quietos.

Vou buscar o meu saco de praia, de ganga azul, com pegas de madeira. Entro, descalça, em casa de Alberto e começo a tirar dos armários pratos e travessas, e talheres de dentro das gavetas. Embalo cada peça em papel de jornal e meto-as no saco de praia, para levar para a casa onde agora estamos. Acabam por caber todas, embora saiba que estão mal acondicionadas, dentro do meu saco de praia, e podem facilmente partir-se.

Num hotel, há um sofá redondo onde me sento e, pelo puro poder da mente, faço com que ele mude de lugar, para um canto da sala onde me sinto muito mais confortável. As pessoas que o vêem mudar de lugar surpreendem-se e não sabem como isso foi possível.

Alberto está no patamar, à minha espera, quando abro a porta do elevador.

Fecho de novo os olhos. Não quero partir, nem viver de novo, nem procurar outros homens.

Alberto está no patamar, quando abro a porta do elevador por onde agora desço, para um novo dia de trabalho.

Aceno-lhe com a mão, antes de fechar a porta e descer. Até ao próximo sonho, digo.

A defunta

Temos de reconhecer que a defunta não incomodou ninguém. Sobre isso ninguém esteve em desacordo.

Como era desembaraçada e com sentido de humor, em vida costumava dizer que não se preocupassem com ela, estava bem e recomendava-se, estivessem descansados que três dias antes de morrer avisaria. Afinal não avisou, mas a verdade é que as coisas aconteceram como se ela as tivesse organizado, como costumava fazer em relação a tudo:

Faleceu num sábado, quando as pessoas da família estavam nas suas casas e era fácil avisá-las, e o enterro realizou-se no domingo, quando todos podiam deslocar-se sem faltar aos empregos nem atrapalhar demasiado as suas vidas. Para alguns aquela deslocação inesperada foi até uma boa razão para não terem de arrumar a casa, cozinhar e cuidar das crianças, e uma forma suave de passar o dia.

Para mais, a chuva parou e não fazia frio, apesar de se estar em meados de Janeiro. À tarde, quando o cortejo fúnebre atravessou a aldeia, veio mesmo um pouco de sol, agradável de sentir na pele, se bem que a luz fosse demasiado intensa para os olhos e alguns tivessem de improvisar uma pala com as mãos, porque quase ninguém tinha trazido óculos escuros. A não ser uma das filhas, que costumava ter olheiras, quando se deitava demasiado tarde.

O que também dessa vez aconteceu, porque não fecharam a igreja e tiveram de ficar, por turnos, a velar a defunta. Esse foi o lado mais desagradável, porque todos esperavam que à meia-noite fechassem a igreja, como agora se fazia em todo o lado, e era sinal de modernização. Velar um morto era coisa de outra época, já bastava o luto das pessoas e ainda tinham de perder a noite e no dia seguinte aguentar a pé firme até ao fim das cerimónias.

Nesse ponto, portanto, houve uma falha. Tiveram de ficar na igreja, porque parecia mal não estar a família, quando tantos amigos da defunta apareceram, de livre vontade, absolutamente decididos a passar a noite em claro.

Essas horas foram difíceis, o dia nunca mais despontava, por detrás dos vitrais empoeirados, e, embora os vizinhos trouxessem braseiras acesas, pão quente e café, não se pode negar que a igreja estava fria. Aí todos pensaram que, por vontade da defunta, não teria sido assim, porque ela não gostava de facto de sacrificar ninguém e acharia descabido ficarem toda a noite a fazer-lhe companhia.

No entanto só a família mais próxima chegou no sábado, a maior parte dos outros vieram no domingo. Mas não podemos acusá-los de se furtarem ao velório. Alguns, provavelmente, nem dele teriam conhecimento. A razão mais plausível – e aliás verificável – é que a casa da defunta não tinha quartos suficientes para todos.

Um bom número dos familiares chegou de manhã, outros um pouco depois, mas de qualquer modo antes do almoço, que alguns foram comer a um restaurante conhecido, a dois ou três quilómetros dali. Outros preferiram não almoçar, houve quem se contentasse com um prego ou um cachorro quente, e houve também quem não comesse, embora fosse óbvio que o jejum não tirava nem acrescentava nada à situação.

Mas à hora da missa, que era às três da tarde, toda a gente estava reunida, dentro e fora da igreja, a que mais se deveria chamar capela, porque era demasiado pequena para albergar tantas pessoas. Felizmente, tinham instalado, junto ao sino, um altifalante que permitia ouvir perfeitamente tudo o que se passava lá dentro.

Todos puderam, assim, escutar a longa homilia em que o padre enalteceu as qualidades da defunta e confortou a família enlutada. Ouvia-se também na perfeição o diálogo do padre e da assembleia, que respondia com frequência «assim seja», e os cânticos do coro, aqui e ali desafinados. A eles se sobrepunha, de quando em quando, o ruído das motoretas, acelerando pela estrada até à curva, e, a espaços, o canto repetido de um galo. Até que a missa terminou com a comunhão e a bênção, e se seguiu a encomendação das almas.

Isso foi, naturalmente, antes de o caixão ser fechado e selado e de já não ser mais possível olhar a defunta – que parecia muito aprumada e compenetrada, vestida de preto, como se não tivesse a menor dificuldade em se adaptar àquele papel, embora antes nunca o tivesse experimentado. Mas ela sempre assim fora – facilmente se adaptava, e parecia sempre estar à altura, em todas as situações.

Então começaram a sair da igreja os primeiros, a irmandade de Nossa Senhora, com uma opa azul celeste, depois a família e outras pessoas carregando ramos e coroas de flores. A seguir, antes do grosso do povo, saiu o caixão, carregado por dois filhos e dois netos, cada um segurando numa pega dourada, os netos nas da frente, onde era preciso fazer mais força, os filhos, com falta de cabelo e já grisalhos, segurando nas pegas de trás.

Quem estava cá fora teve de repente a ilusão de que a defunta, em pessoa, caminhava à frente do caixão, pequenina e mirrada, mas segura de si, repuxando o xaile de lã e compondo melhor o lenço em volta da cabeça.

Mas logo se percebeu que não era a defunta, mas uma sua comadre, da mesma idade e igualzinha a ela. A ilusão iria repetir-se, depois, no cemitério: várias pessoas julgaram ver a defunta caminhar convictamente por entre as campas, amparada à bengala. No entanto, em todos os casos, se verificou tratar-se de uma das comadres – havia várias, e eram todas iguais, portanto fáceis de confundir.

Mas estamos a ir muito depressa, porque já vamos no cemitério e ainda nem sequer se formou o cortejo fúnebre, à porta da igreja: avançaram primeiro o padre e os acólitos, de opa branca, segurando as tochas, logo atrás de um outro, que levava o pendão. No largo da aldeia todos entraram em automóveis e seguiram atrás do carro funerário, onde ia a defunta e dois dos filhos, além das flores.

Três dos acólitos, contudo, não tiveram transporte e quem lhes valeu foi um vizinho empreiteiro, que os levou na parte de trás de uma camioneta de carga – agarrando-se os três com força para não caírem, e seguindo em pé, com as opas ao vento, até ao cemitério que ficava a quatro quilómetros, porque era apenas um para várias povoações.

Todos os carros estacionaram num largo em frente, e formou-se novamente um cortejo, atrás do pendão, do padre e dos acólitos, que balançavam as tochas, e da irmandade das opas azuis.

Lá dentro, depois de subirem um pequeno lance de escadas e de passarem através de um grande portão de ferro, o padre fez de novo uma prelecção, provavelmente para quem não tinha estado presente na homilia na missa, porque disse quem ouviu que ele repetiu exactamente o mesmo. Porém, como se disse, a intenção não foi maçar os ouvintes, mas prevenir a hipótese de alguém não ter assistido à homilia anterior.

Depois dessa paragem, junto dos jazigos principais e ao lado de uma japoneira, cada um abriu caminho como pôde até junto da cova, já aberta mas tapada por duas tábuas grossas, tendo no entanto cuidado de seguir o mais possível pelos caminhos de pedra, ou pelo menos de não pisar as campas.

Junto da cova o padre fez o sinal da cruz e rezou ainda uma oração. Depois os coveiros removeram as tábuas e fizeram descer o caixão, seguro por duas cordas.

Quando se percebeu que tinha chegado ao fundo, algumas pessoas atiraram flores, outras uma mão cheia de terra.

Os coveiros deitaram por fim as primeiras pazadas, e foi muito desagradável ouvir o som da terra caindo sobre o caixão.

Aos poucos, deixou no entanto de se ouvir aquele eco macabro, as pessoas despediram-se, abraçaram-se e beijaram-se, e o povo começou a debandar.

Os familiares mais chegados passaram ainda por casa da defunta, onde tomaram chá e café e recolheram alguns objectos, constatando que tudo estava limpo e sem pó, e as gavetas e os armários arrumados.

Agora não tinham cabeça para mais nada, na semana seguinte voltariam. Mas já se sabia que a defunta não deixara outros bens, além da casa, e também já estava há muito decidido que essa se venderia, e o dinheiro seria dividido pelos filhos. Não havia assim lugar para dúvidas, hesitações ou discussões. Tudo estava resolvido, e o dia a dia podia continuar. No fim de contas, a vida e a morte eram coisas simples. O que aliás sempre fora a opinião da defunta.

Bilhete de avião para o Brasil

Desde que comecei a sair com o pai da Susana e a encontrar-me com ele no apartamento que um amigo lhe empresta, no Estoril, comecei a escutar às portas. Julguei que ia ouvir falar de mim, queria saber se a minha mãe tinha alguma suspeita.

Concluí que ela não sabia de nada, porque falava de outras coisas. Escutei sem querer, mas não era de mim que ela falava, era dela mesma, quando tomava chá na cozinha com Ivone. E Ivone também falava de si própria, de modo que fiquei a saber alguns segredos das duas criaturas.

Ambas me parecem dignas de lástima, cada uma a seu modo. A minha mãe nunca ultrapassou o desgosto de o meu pai a ter deixado, muitos anos atrás. Sempre esperei que ela encontrasse outro homem. Afinal era bonita, e ainda nova. Mas o tempo foi passando, e agora também me parece demasiado tarde. No entanto a culpa foi toda dela.

Bem lhe dizia eu que deixasse de pensar nele. Olha, mãe, a mim ele não me faz falta nenhuma, disse-lhe vezes sem conta. Quero lá saber que se tenha ido embora. Devias fazer como eu, seguir a tua vida e esquecer que ele existe. Parte para outra. Não é o que faz a maioria das mulheres da tua idade? Estão todas divorciadas e procuram outro rumo. Recomeçam, não é? Pois faz o mesmo. Não me fales mais dele.

Escondi os retratos na gaveta, e deitei fora alguns. Só não deitei todos, porque tive medo de que ela se zangasse. Mas não iam fazer falta, pensei enquanto os rasgava em pedacinhos e deitava no balde do lixo.

Ele era lixo, o meu pai. Que se danasse. Fosse para o inferno, desaparecesse bem longe, nas profundezas do Brasil, para onde tinha ido com a outra. Pois que vão e não voltem, a mim que se me dá.

Na minha vida ele não tinha mais lugar. Se me perguntavam pelo meu pai, dizia com toda a calma que estava no Brasil, que ele e a minha mãe se tinham separado. Ponto final no assunto. Quando alguma espevitada queria saber se ele tinha outra mulher, eu atirava logo: Como queres que eu saiba, lá no Brasil? É natural que sim, e então? Cá por mim, ele pode fazer o que quiser, ora essa. E se insistiam se tinha outros filhos eu arrumava o assunto: que me conste não, pelo menos ele nunca falou disso nas cartas.

Claro que nunca houve cartas, nunca houve mais nada. Tudo acabou ali, com ele a sair de casa. E foi melhor assim.

Mas, se não me perguntassem directamente, eu não falava da minha vida, porque era dar parte de fraqueza, e ninguém tinha nada com isso.

Aos poucos, as perguntas foram diminuindo, desaparecendo. Afinal, as pessoas tinham mais em que pensar. Passei a sentir-me cada vez mais eu própria, Matilde, no meio dos outros, sem vergonha de nada. Deixaram de me vir à cabeça as coisas que no início me ocorriam. Por exemplo que um dia seria rica e admirada, casaria com um homem importante, iria viajar ao Brasil e encontraria o meu pai.

Imaginava muitas vezes esse encontro. O meu pai não me iria reconhecer, porque eu teria, evidentemente, mudado muito, era eu que o identificava. Dizia-lhe quem era, mas no minuto seguinte despedia-me, sem querer saber de mais nada. Dava-me a conhecer só para ele medir a imensa distância que haveria entre nós: o meu pai estaria envelhecido e cansado, talvez até sozinho. Sempre pensei que a história com a outra podia até nem dar certo. Quem sabe se o Brasil não teria sido para ele uma desilusão. Provavelmente, as coisas não tinham corrido como ele pensava. Poderia ter-nos deixado para nada.

Mas eu, estava na cara que iria ser alguém. Para já era a mais bonita e a mais inteligente da turma. Nem precisava de estudar grande coisa para ter as melhores notas. Sem grande esforço, tudo vinha ter comigo. Portanto eu dava a volta por cima e saía vencedora.

Ao contrário da minha mãe, que tinha ficado presa ao passado. Foi também o que a ouvi contar à Ivone:

Quando não aguentava a tristeza ia até à Cooperativa Militar. Andava ao acaso por aquelas salas meio vazias, por aquele palacete decadente, onde o chão rangia e não havia nada de interessante para ver nem comprar, parava diante das vitrinas, sem reparar em nada, deixando-se apenas invadir por aquela atmosfera dormente, de outra época, subia e descia de um andar a outro, evitava em geral a mercearia, tomava um café atravessando um corredor onde velhos dormitavam em sofás desbotados, ou fingiam ler um jornal com vários dias. Voltava finalmente à perfumaria, descendo a escada (não confiava no elevador, demasiado estreito e antiquado), comprava um creme para as mãos ou um dentífrico, e ao pagar na caixa dizia o nome do meu pai: sócio doze mil quatrocentos e cinquenta e sete. José Fernandes.

E era como se o tempo não tivesse passado, disse ela à Ivone. Como se ele ainda lá estivesse, quando ela voltasse para casa.

Ivone tinha também um lugar secreto, para quando se sentia mais só: Entrava na Kodak e conversava sobre fotografias. O dono da loja era um homem simpático, bom conversador, muito afável. Com sentido de humor. Ela levava-lhe sempre os rolos para revelar, e depois escolhiam ambos as melhores fotos, para ampliar ou reproduzir. Ele gostava de dar uma opinião, mesmo que ela a não pedisse: iluminava uma caixa de vidro, em cima do balcão, onde punha os negativos, e fazia comentários ao trabalho dela. E era como se fizessem um trabalho conjunto, algo importante, grande reportagem, artigo de jornal ou algo assim. Era pelo menos o que ela sentia.

Ele era sempre encorajador e caloroso. No fundo era para conversar com ele que ela tirava tantas fotos. Tinha consciência disso.

Ir para a cama com ele? Quis saber a minha mãe. Não, não pensava nele nessa perspectiva.

Bastava-lhe muito menos, alguns minutos de conversa e era tudo.

Aí a minha mãe repetia-lhe o que, durante anos, me ouviu dizer a mim. Devia procurar outro homem, fazer novos amigos, sair ao fim-de-semana. Ou mesmo mudar de emprego, para conhecer outras pessoas.

Não pude impedir-me de sorrir, atrás da porta. Aprendera bem a lição que eu lhe tinha ensinado, a minha mãe. Só que a Ivone não a ouvia, como a minha mãe não me ouvira a mim. Os melhores conselhos caíam portanto sempre em saco roto?, interroguei-me.

A Ivone sorveu outro gole de chá. Não esperava nada da vida, contentava-se com coisas mínimas, e era assim que se mantinha à superfície. Como alguém em risco de afogar-se se agarra a qualquer palha. Disse ela.

Mas em todo o caso, disse a minha mãe, era melhor assim do que ser como a Maria Ema e a Eduarda, sempre à espera de uma aventura, que nunca acontecia, e tomando por declarações de amor o menor galanteio de um homem. Patéticas. Ou como a Patrícia, que corria do psiquiatra para o psicólogo, e do psicólogo para o vidente –

Não quis ouvir mais nada e fugi para o meu quarto, como se uma coisa má me perseguisse. Na verdade eram dignas de lástima, mas o que senti foi repulsa. Vi-as, num relance, como bruxas más, que podiam contaminar-me por proximidade ou por contacto. De repente tive medo de ficar como elas. Medo de que me agarrassem e obrigassem a sentar a seu lado.

Fechei a porta à chave, com o coração a bater. Nunca iria confiar na minha mãe, decidi. Se ela descobrisse e se voltasse contra mim, sairia de casa. Iria ter com o Gonçalo, e ele acharia um modo de resolver as coisas. Tudo menos confiar na minha mãe e deixar-me apanhar.

Era então assim que viviam as mulheres maduras e sozinhas – tentando tudo para preencher o vazio e nunca o preenchendo – ikebana, massagista, acupunctura, natação, karaté, cabeleireiro, aeróbica, dança jazz, macramé, ponto de cruz, maquilhadora, caminhadas a pé, quermesses, reuniões de caridade, cinemas, sapatarias, lojas de roupa, infindáveis sucessões de lojas de roupa –

Morreriam de inveja de mim, se soubessem. Dariam tudo pelo amor de um homem, e não iriam encontrá-lo nunca.

E por isso se uma mulher era jovem, bela e rebelde como eu, amava um homem e corria para os seus braços, era preciso de algum modo vingarem-se. Baterem-lhe, quem sabe, insultá-la, pregar-lhe moral (ah, as lições de moral, as prelecções sobre o amor proibido), o bom senso (ah, já faltava o bom senso, ele era casado, etc., não se iria divorciar, eu seria sempre a outra, e onde estava o futuro desse amor) – sempre a pensarem em futuro, porque elas não tinham futuro, nem sequer presente, não tinham nada e precisavam de vingar-se de quem tinha tudo.

Eu tinha o que elas desejavam, um homem amado à minha espera e era preciso castigar-me, matar-me, por isso. Eu tinha uma vida intensa e deslumbrante e não precisava de psiquiatra, psicólogo, vidente, cartomante, astrólogo nem o demónio que as levasse. Não precisava de nada, a não ser do Gonçalo.

Liguei-lhe para o telemóvel, porque precisava de ouvi-lo, de o sentir perto, para esquecer tudo o que tinha ouvido atrás da porta.

– Meu amor, disse-lhe baixo, e a minha voz não tremia.

Ele respondeu, de Nova Iorque. Por detrás das palavras, chegavam até mim claxons de ambulâncias, o trânsito de Nova Iorque.

Não iria contar-lhe nada de especial, a sua voz bastava para apagar as vozes da minha mãe e de Ivone. A presença dele, mesmo através do fio, afastava-as, para longe.

– Até depois de amanhã, dissemos.
– Adoro-te.
– Adoro-te.

Depois de amanhã correria para os seus braços, enterraria a cabeça no seu ombro, sentiria o cheiro forte do fumo do Mayflower, e ele abraçar-me-ia com força, antes de começar a despir-me, e passaria a mão sobre os meus cabelos desmanchados.

Bilhete de identidade de Gonçalo: quarenta e dois anos, natural de Lisboa, freguesia de São Sebastião da Pedreira, casado, piloto da TAP. E pai da minha melhor amiga, Susana.

E o melhor amante do mundo. Meu amante.

Às vezes ainda sorrio, de surpresa. Foi tudo surpreendente, inesperado. Outras vezes não me parece possível, como se fosse sonho, ou imaginação. Mas é real.

Comecei a ir estudar para casa da Susana. Foi ela que me pediu, não percebia nada de matemática. Eu tinha tido a melhor nota, repetia com ela a matéria, fazíamos os trabalhos juntas.

A maior parte das vezes o Gonçalo não estava – telefonava de vários lugares do mundo, Europa, África, América do Norte ou do Sul.

A princípio pensei que ele também era um pai ausente e não fazia, no fundo, muita diferença do meu. Mas depois ele chegava, enchia a casa com a sua presença e esquecíamos tudo, era como se ele não tivesse partido, o fio interrompido do tempo colava-se de novo, reforçado. Ele parecia também consciente disso, procurava compensar-nos do tempo que estivera fora trazendo pequenos presentes, objectos exóticos, postais, fotografias, contando o que entretanto se passara, como se procurasse preencher o intervalo.

Eu sentia-me incluída nessa relação. Como se fosse irmã da Susana, pensava às vezes.

Também eu filha da mãe dela, que era alta e loura e se chamava Alice.

Foi depois que tudo mudou. De repente.

Às vezes o Gonçalo ia buscar-nos ao liceu, o que era sempre uma surpresa agradável, sobretudo quando chovia e não tínhamos levado guarda-chuva. Deixava-me sempre primeiro em casa, excepto um dia em que deixou primeiro a Susana – ia ao Jockey Club, explicou, a minha rua ficava no caminho.

Casualmente, acabei por ir com ele, ver os cavalos. Eu nunca tinha entrado no Jockey Club, nem sabia que ele gostava de montar. Havia muitas coisas que eu não sabia sobre ele, pensei quando o vi falar com o tratador e fazer festas ao cavalo, que estendia o pescoço para fora da box.

No regresso atravessámos o Monsanto. Chovia cada vez mais e a certa altura ele parou o carro debaixo das árvores, numa reentrância da estrada. Era perigoso conduzir com aquela chuva, que não deixava ver o caminho. Valia mais esperar um pouco.

Pôs a mão no meu joelho e depois abraçou-me. Não reagi nem consegui articular palavra – estava ao mesmo tempo surpreendida e deslumbrada. Ao primeiro beijo percebi que o mundo tinha mudado. Definitivamente.

Ele foi muito terno comigo, quis saber o que eu pensava, mas eu não pensava nada. O mundo tinha mudado, era agora outro, e eu ainda não sabia como andar no meio dele.

Mas aos poucos fui sabendo. Deixava-me ir, ao sabor de uma corrente – deixava-me levar, como se dançasse. Bastava não pensar, fechar os olhos e seguir a música – e não havia nenhuma hipótese de falhar o compasso. Tudo estava certo, e era bom. Não posso ser mais feliz, dizia-lhe – continuo a dizer-lhe, desde o primeiro dia e até hoje. Não posso ser mais feliz.

Ele é tudo o que eu quero nesta vida. Porque ele me dá tudo – sexo, ternura, amor, compreensão, a sensação de partilha.

Gosto de tudo, nele – da experiência dos anos, de saber que ele viveu muita coisa até chegar a mim e parar em mim, gosto do seu rosto com rugas, do seu corpo bronzeado pelo sol dos trópicos, dos cabelos que embranquecem acima das sobrancelhas. Não me interessam os rapazes da minha idade, que não viveram nada, não sabem nada do mundo e da vida e me arrastam para estúpidas discotecas onde nem gritando conseguimos ouvir duas palavras. Aliás, não teríamos nada a dizer, os rapazes da minha idade não têm nada a dizer. Sou mais madura e mais adulta e também mais inteligente do que eles.

Nenhum me interessa, respondo se o Gonçalo me pergunta. És tu que eu quero, não duvides disso. De poucas coisas tenho tanta certeza.

Falamos muito na cama, depois do amor. O que vivemos só a nós diz respeito, e a mais ninguém. É uma espécie de dádiva dos deuses – há uma porta que se abre, num andar do Estoril, e dá directamente para o céu.

O céu não tem a ver com o mundo real. É um lugar onde estamos sós e onde não existe a minha mãe, nem a Susana, nem Alice, mulher do Gonçalo. Não existe o tempo nem o pensamento, nem a voz da minha mãe e de Ivone.

É só depois, na minha cabeça, que por vezes, sobretudo de noite, ouço vozes. Que poderiam ser das vizinhas, dos transeuntes, dos professores, dos colegas do liceu, dos pais deles, vozes anónimas do senso comum e do medo. Do meu medo.

Vozes, figuras e cenas. Por exemplo assim:

Fazemos amor, na cama do Estoril, quando alguém mete a chave na fechadura, entra no quarto e nos surpreende. Vejo o rosto que nos olha, no primeiro instante quase com pavor: não é o amigo do Gonçalo, dono do apartamento, mas Alice.

A sensação desconfortável de trair Susana e Alice. De lhes entrar em casa, e roubar. Fingindo ser amiga da Susana. Porque agora de algum modo finjo – continuo sua amiga, mas finjo que continuo a ser a mesma, e já não sou.

Pesadelos, em algumas noites. De uma vez havia um pássaro que apanhava uma janela aberta, entrava numa casa e roubava um dedal de prata. Não era a minha casa, era outra, desconhecida. Mas o pássaro era muito visível no sonho – relativamente grande, com penas cinzentas, pretas e algumas brancas, tinha um voo rasante, de veludo, e era irresistivelmente atraído por objectos brilhantes, de metal. No sonho eu não sabia o seu nome, nem reconhecia a casa.

Foi muito tempo depois que de repente me ocorreu: era a casa da Susana, a da janela aberta. E como se chamava o pássaro? Como se chamava?

Sim, eu sabia, tudo tinha ficado subitamente muito nítido: o pássaro era uma pêga.

Agora não tenho amigos, porque não posso confiar em ninguém. Não posso falar com ninguém da minha vida.

Quando lhe digo coisas destas, o Gonçalo consola-me como se eu fosse uma criança. A felicidade é assim, diz ele. Não se pode pensar demasiado.

Tento ser como ele, que conhece a vida. Não pensar. A felicidade é frágil como uma borboleta. Não se pode tocar-lhe.

E é também uma coisa sem tempo. Percebo que não posso pensar no que acontece amanhã. Amanhã o Gonçalo envelheceu, cansou-se de mim, esqueceu-me, recuperou o dia-a-dia, voltou a tempo inteiro para casa. Ou eu cansei-me de esperá-lo, de separar-me dele constantemente, de estar sozinha, de me sentir culpada. Amanhã o amor acaba.

Mas amanhã não existe, e o nosso amor nunca acaba. Nunca, dizemos abraçados, rolando nos lençóis. Nunca.

Depois ele é muito terno, e procura dar resposta ao meu medo. Trocamos o apartamento por hotéis, sempre diferentes, para diminuir o risco de alguém nos encontrar, outras vezes ele arranja modo de me meter no mesmo avião que ele conduz e fazemos uma escapada ao Funchal, a Madrid ou ao Algarve. O fim-de-semana, apenas o fim-de-semana. Digo sempre à minha mãe que vou à quinta de uma amiga, e invento um nome que ela não conhece.

Adoro essas escapadas – ele leva-me pelos ares, voando, à descoberta do mundo, leva-me consigo, sobre as nuvens –

A próxima escapada é ao Brasil. Disse-me ontem, e deu-me de surpresa um bilhete de avião. Partimos na quinta-feira e voltamos oito dias depois. Vamos ver o Rio de Janeiro, Angra dos Reis, apanhar sol em Búzios. Só tenho de inventar uma boa história para dizer à minha mãe e à Susana. Ou duas histórias, mas que não colidam, se a minha mãe por acaso encontrar a Susana. Também isso me ocorre – que a minha mãe encontra a Susana e se põem a conversar sobre mim e inesperadamente alguma coisa sobe à superfície e transborda.

Às vezes volto-me na cama, sufocada, e sinto a minha mãe lutando contra mim. Grito-lhe que me deixe em paz e fique com o fantasma do meu pai – porque ela não tem mais nada, a não ser aquele cartão desbotado de quando ele era oficial miliciano e se fez sócio doze mil quatrocentos e cinquenta e sete da Cooperativa Militar.

Vá-se embora, grito no sonho, fique no meio daquelas salas mortas, mas deixe-me viver a minha vida, porque eu estou viva –

(Rio de Janeiro, Angra dos Reis, apanhar sol em Búzios)

Derrubo a minha mãe, que tenta agarrar-se a mim e prender-me, pego na mala e corro, ela está morta mas eu estou viva, e vou voar para o Brasil com o homem que eu amo.

(Rio de Janeiro, Angra dos Reis, apanhar sol em Búzios)

Ouço os meus passos a correr na escada.

Natureza-morta com Cabeça de Goraz

Portanto hoje, como tinha pensado, fui buscar o Rui às dez e meia e, em vez de telefonar do carro, como habitualmente, e de esperar que a empregada o trouxesse, toquei a campainha e subi. Certamente a Otília me convidaria a entrar – manda-se sempre entrar uma visita da casa, e a Otília, apesar de empregada, devia saber as normas mínimas da boa educação.

Mas foi o Rui que veio logo à porta, me deu a mão e puxou para dentro.

– Vem ver o meu comboio, pai.

O comboio estava no chão, no quarto dele, em cima dos carris, e começou a andar com desembaraço, quando ele accionou o interruptor.

Sentei-me no tapete, ao lado do Rui, e fiz os comentários que me pareceram adequados. Um comboio eléctrico passa por ser um brinquedo predilecto, capaz de ligar pais e filhos durante horas, na mesma contemplação embevecida. É pelo menos a imagem da publicidade. Voltei a cabeça e lá estava ela, a imagem radiosa da publicidade, na caixa de cartão onde se guardavam as peças: uma criança loura, sorridente, e um homem novo e jovial. Um pai.

Esforcei-me por me parecer com a publicidade, porque o Rui esperava certamente isso de mim. Confesso no entanto que os comboios eléctricos nunca me entusiasmaram – talvez por isso nunca pensei em dar nenhum ao Rui. Comboios e mecanos sempre me pareceram coisas do passado, de um tempo em que não havia computadores, nem brinquedos computorizados, nem outros milagres da tecnologia.

Fiz o que pude para demonstrar entusiasmo e fingi admirar a locomotiva e as carruagens que o Rui ia atrelando, de cada vez que o comboio parava.

O entusiasmo dele, pelo contrário, era evidentemente genuíno:

– Estás a ver, pai? Anda tão depressa! E agora vai haver um choque!

Mas não havia, porque no último instante ele desatava a rir e tirava com a mão uma carruagem parada a meio da linha.

– Óptimo, óptimo, fui dizendo, enquanto ia cruzando e descruzando as pernas, porque estar sentado no chão era demasiado incómodo para pernas do tamanho das minhas.

– Agora vai vestir o casaco, acabei por dizer-lhe quando achei que tinha passado o tempo suficiente. Vamos sair.

O comboio deu ainda mais três ou quatro voltas, com o Rui a correr, de gatas, ao lado da linha, ou a ficar sentado num dos lados, à espera que ele desse a volta sozinho.

– Muito bem, agora arrumar as peças, disse eu finalmente, disposto a não esperar mais, e ajudando a meter tudo nas caixas.

E como vai a escola?

– Vai bem, pai, disse ele, desinteressado.

Não insisti.

– Espero por ti na sala, disse-lhe. Vai vestir o casaco.

Sentei-me no sofá. Ali estava, portanto, aquela mesma sala, onde eu decidira que hoje ia entrar – e que agora me parecia irreconhecível. Outros móveis, objectos e quadros, outros sofás e cortinados. Como era, aliás, de esperar, uma vez que aquela já não era a minha casa. Era a casa da mãe do Rui e do actual marido. Onde eu entrava pela primeira vez desde o divórcio, porque sabia que naquele fim-de-semana eles tinham saído de Lisboa.

Eram livres, naturalmente, de modificar a sala, achei

olhando de relance em volta. Como tinham sido livres de mudar a sua vida.

Eu não tinha nada a ver com isso – embora fosse também parte implicada, ou tivesse sido. Porque também a minha vida eles tinham mudado. E aí eu já não estava tão certo de que tivessem esse direito.

Mas tudo bem, ela escolheu assim. A Manuela. Não mentiu, não fez cenas.

– Não temos nenhuma hipótese, disse ela. Tu e eu, não dá. E depois, encontrei outra pessoa.

Só isso.

Encontrei outra pessoa, portanto abre a porta e vai-te embora, de agora em diante a casa é só minha, fico com a casa. Fico com a casa e fico com o Rui. A casa e o Rui são só meus. Não, não foi isso que ela disse.

O Rui não. O Rui sempre pertencerá a ambos, insurgi-me. Mas também foi isso que ela disse.

O Rui sempre pertencerá a ambos.

Aliás, se quiser ser honesto, tenho de reconhecer que ela foi civilizada. O dinheiro e os bens, incluindo a casa, foi tudo negociado. Partes rigorosamente iguais.

E o Rui. O Rui não se podia partir ao meio, mas podia partir-se ao meio o tempo de estar ele. Custódia conjunta, foi o termo utilizado. Quinze dias do mês em casa de um, quinze dias em casa do outro.

Fui eu que acabei por relaxar, nesse tipo de contas, e de só o vir buscar aos fins-de-semana, ou mesmo só ao domingo, como hoje acontecia, porque em muitos sábados acabava por ter de trabalhar. Mas essa divisão pareceu a todos adequada. Tenho um lugar de grande responsabilidade, como a Manuela sabe, ao fim do dia estou exausto e as crianças são muito cansativas. Ou sou eu que não tenho grande jeito. Embora o meu amor pelo Rui não esteja em causa. Como também a Manuela sempre soube.

– Seria uma luta de poder, se eu exigisse ficar com o Rui

a tempo inteiro, disse à Manuela, nesta mesma sala. Sempre foste tu a cuidar dele, se eu agora o reivindicasse estaria a lutar contra ti, e não por ele. Mas não vou lutar contra ti. Sejamos civilizados.

– Também acho, disse ela. Durante cinco anos tiveste na mão as mesmas possibilidades que eu de ir levá-lo e buscá-lo à escola, de o vestir e despir, de lhe dar de comer, de lhe dar banho, de brincar com ele, de o meter na cama à noite, de o levar ao pediatra e ao dentista. Poucas vezes fizeste alguma dessas coisas, preferias sempre a televisão e o jornal. Agora era absurdo entrar em guerra para reconquistares o direito a tudo o que antes não quiseste. Vamos fazer um divórcio amigável.

– Pai, já estou pronto, diz o Rui entrando, de casaco vestido. Onde vamos hoje?

– Ao Oceanário, sugiro. Queres?

– Vou ao Oceanário, grita o Rui à Otília, correndo até meio do corredor e voltando para me dar a mão.

É ele que carrega no botão do elevador, quando descemos.

– Tens um carro novo, diz ele surpreendido e parecendo contente. Gosto do teu carro novo, pai.

– Que óptimo, tinha dito a Otília, quando o Rui falou em Oceanário. E à porta informou-me:

– A partir das sete horas já estou outra vez em casa, senhor engenheiro. Pode trazer o menino de volta à hora que o senhor engenheiro quiser. A partir das sete.

São onze e meia, vejo no mostrador do relógio do carro. Temos portanto sete horas e meia, o Rui e eu.

Está um dia suave, nem calor nem frio. Fevereiro. Sol por entre nuvens e sem vento. Conduzo depressa, o carro é potente e tem mudanças automáticas. Há pouco trânsito nas ruas, o único aborrecimento é que nunca programam convenientemente os semáforos, é absurdo o tempo de espera ser o mesmo aos dias de semana e aos domingos.

– Já andaste no teleférico?, pergunto-lhe, e o Rui entusiasma-se.

— Já. Com a mamã e o David. Vamos andar outra vez, pai? Podemos andar outra vez?

— Está bem, digo. Vamos andar outra vez.

Estamos na rotunda do Aeroporto e seguimos para o Parque das Nações.

A mamã e o David, penso. Tudo bem, a mamã pode viver com o David. Mas ele não pode ocupar o meu lugar. Vou ser pai do Rui o resto da minha vida. Gosto de estar com ele e ele gosta de estar comigo.

Andar de teleférico dá-nos gozo a ambos. Sinto-me longe do quotidiano, lá em cima. Vistas assim do alto, as coisas parecem diferentes. Ocorre-me que tudo na vida é talvez só uma questão de perspectiva.

É quase uma hora, almoçamos numa Pizza Hut. Escolha do Rui, naturalmente. Detesto pizzas, mas faço-lhe a vontade. Apesar de ser ainda cedo, o restaurante está cheio. Há muitos estrangeiros e os habituais passeantes dos domingos. Em geral famílias.

Pedimos uma pizza quatro estações e outra mozzarella, mais pequena, um sumo de pêssego e cerveja. A música de fundo é Whitney Huston. Ou Mariah Carey, não sei. Era sempre a Manuela que sabia as canções.

É verdade que envelhecemos quando já não sabemos de quem são as canções — da rádio, da música de fundo dos cafés?

Demoram muito a servir e o Rui começa a ficar irrequieto. Numa mesa próxima senta-se agora uma família, pai, mãe e uma menina loura com uma boneca enorme, que, olhada de repente, parece viva. Na mesa ao lado da nossa há dois rapazes que bebem cerveja. Em dado momento vão-se embora e deixam na travessa um triângulo de pizza com ananás e anchovas. Tiro esse pedaço, estendendo a mão, e começo a comê-lo, com desfaçatez, enquanto o Rui desata a rir, maravilhado por o pai fazer uma coisa que não se faz. Rio também e dou-lhe um pedaço, em que ele pega, deliciado, com a mão.

Quando finalmente nos servem e começo a beber a cerveja

tenho a sensação de que a vida afinal pode compôr-se, de que, se não nos angustiarmos demasiado, as coisas encontram um modo peculiar de se ajeitarem sozinhas.

Entramos por fim no Oceanário, percorremos os corredores escuros, que nos fazem sentir no fundo do mar. Mas sempre do outro lado de um vidro.

O Rui quer ver tudo – peixes coloridos, tubarões, pinguins, lontras, penso que gosta sobretudo do mergulho veloz dos pinguins e das lontras felpudas, que nadam abraçadas e parecem brinquedos de peluche.

Quando saímos são perto de seis horas. Comemos ainda um gelado no Centro Vasco da Gama, e depois brincamos com um computador que encontramos num dos pisos, imprimindo cartões de visita para cada um de nós, com os nomes (Rui, Edgar) em diferentes tipos de letra, que seleccionamos num menu. E depois eu escrevo no meu cartão: Edgar, pai de Rui. E no cartão dele: Rui, filho de Edgar.

Entretanto são quase sete horas e vou levar o Rui.

– Entra, pai, diz ele, vem brincar comigo.

Digo-lhe que ainda tenho de acabar um trabalho e deixo-o com a Otília.

No sábado venho buscar-te, e passamos juntos sábado e domingo. Prometo. E no domingo vou cozinhar para nós dois, no meu apartamento. Uma coisa óptima, vais ver.

Abraço-o com força e volto para o carro. Desta vez o trabalho é mentira. Podia ter entrado – mas não quero entrar, outra vez, naquela casa. Tão cedo não voltarei a entrar naquela casa.

Sinto-me de repente vazio. Tento distrair-me e começo a pensar no que irei cozinhar no domingo, para o almoço de ambos. Terei de perguntar à Laura. Não sei por que prometi isso ao Rui. Nunca cozinhei e não sei se vou ser capaz. Mas alguma vez havia de ser a primeira. E não deve ser tão difícil, por exemplo bifes e esparguete. Ou batata frita. Vou perguntar à Laura. Ela vai pensar, provavelmente, que quero convidar uma mulher. Mas em geral não são as mulheres que se esmeram a cozinhar para os homens? Acho que eu não cozinharia para nenhuma mulher. Mas vou cozinhar para nós ambos, o Rui e eu.

Estacionei o carro, mas não me apeteceu entrar logo em casa. Andei ainda a pé um quarteirão ou dois, comprei cigarros, tomei um café, recomecei a andar, entrei ao acaso numa galeria onde havia três ou quatro esculturas e alguns quadros. Olhei-os de relance, sem interesse. Um deles, contudo, chamou-me a atenção, talvez por ser uma espécie de pastiche moderno da pintura flamenga, ou algo assim, não sou entendido em pintura. Representava uma mesa com um cesto de fruta e ao lado uma travessa com búzios, algas, pedras e um peixe enorme, de olho vítreo, em primeiro plano. O título, afixado na parede, com letras minúsculas, era: *Natureza Morta Com Cabeça de Goraz.*

A seguir não pensei mais nele, voltei para casa, comi uma torrada, arrumei papéis, fiz vários telefonemas, ouvi um noticiário, vi parte de um filme, tomei um duche quente, preparei um copo de sumo e tomei um comprimido para dormir. Mas sabia que o quadro me voltaria a lembrar e acredito que me vai ficar na cabeça, sem nenhuma razão, até adormecer.

As cartas deitadas

Caro Senhor:

Escrevo estas duas palavras e recordo-me de que na infância as ouvia quase como se fossem três, uma vez que a segunda tinha no meio um intervalo brevíssimo, tão breve que se poderia confundir com um acentuar mais forte da primeira sílaba, mas que no entanto não passava despercebido a ouvidos familiarizados com certo tipo de convenções.

De facto, em todas as referências aos homens da sua família, sempre ouvi pronunciar se-nhor, e o pequeno espaço, embora mínimo, no meio, marcava a distância entre quem falava e aquele de quem falava, ou a quem se dirigia. O se-nhor António Bastos, ou o se-nhor Pedro Bastos, diferenciavam-se deste modo, de imediato e cabalmente, do senhor José Mendes ou do senhor Manuel Carvalho: os dois últimos podiam ser não importa o quê – condutores de camião ou donos de mercearia – mas os se-nhores Pedro, ou António, Bastos, não podiam ser senão eles próprios. Cedo me acostumei a esse facto, embora não deixasse de o achar intrigante e de o anotar mentalmente, como de resto me aconteceu com quase tudo o que se relacionava convosco.

Muita coisa me parecia inexplicável e, talvez por isso, eu a achava de algum modo fascinante. Como por exemplo aquele tom um pouco arrastado em que falavam as mulheres da sua família. Algumas vezes pensei que o tomaria por atraso mental, se não soubesse que era considerado elegante.

Ou o uso da palavra encarnado, em lugar de vermelho. Mais tarde encarnado parecer-me-ia um termo de origem popular, significando cor de carne, e vermelho uma palavra mais sofisticada – no entanto eu sabia que o que se passava era precisamente o contrário, dizer encarnado, e não vermelho, era sinal de distinção e de classe.

Ou o modo desenvolto com que vocês furavam esquemas e quebravam convenções. Verifiquei por exemplo que era perfeitamente admissível que de vez em quando dissessem palavrões, ou tirassem com a mão uma batata frita da travessa. O que, suspeito, não me perdoariam, se fosse eu a fazê-lo. Na verdade, todas as vezes que me sentei à mesa convosco, em dias do meu, ou do vosso, aniversário, a minha mãe enchia-me de recomendações, entre as quais as menores eram não dizer nenhum palavrão, e não tocar em nenhum pedaço de comida com os dedos.

Interrogava-me, assim, se haveria dois mundos, dois códigos, dois conceitos de certo e de errado, de bem e de mal, de acordo com quem os praticava, e parecia-me encontrar sempre uma resposta afirmativa. Como se fôssemos comboios, correndo sobre carris diferentes. Senti isso, algumas vezes, sem palavras, quando brincava convosco com os comboios eléctricos, oferecidos num Natal pelo vosso tio Leopoldo. Esses comboios também fizeram parte da minha infância. Sabia onde estavam arrumados, e quais eram as caixas onde se guardava a estação, os carris, os túneis e as pontes. Sabia armá-los tão bem como vocês, e não menos depressa. Mas não escolhia o dia nem a hora de brincar com eles, eram sempre vocês que decidiam. Do mesmo modo que eram vocês a decidir quando qualquer jogo se começava ou acabava. Vocês eram os donos, acabei por entender. Ou, provavelmente, era o que a minha mãe dizia. Os donos da casa onde ela trabalhava.

Essa diferença não parecia aliás incomodá-la, nem mesmo tinha consciência dela. Toda a gente trabalhava, e ela também. O facto de trabalhar numa casa não lhe parecia essencialmente diferente de trabalhar numa loja, fábrica ou empresa. Não creio aliás que, se pudesse, ela tivesse trocado de emprego. Estabeleceu convosco uma espécie de relação familiar, no sentido de habitual e antiga, e que, com o tempo, acabou por ter também uma certa dose de afecto. Na verdade, a minha mãe gostava de vocês, e acho até que vos protegia um pouco.

Preocupava-se se os meninos estavam doentes, levantava-se de noite para lhes dar água, mudar os lençóis suados, ou fazer tomar o antibiótico, cozinhava as coisas de que mais gostavam quando perdiam o apetite, madrugava para ir ao mercado, quando era preciso. As outras empregadas (na altura dizia-se criadas, como o senhor deve estar lembrado), a Josefina e a Anabela, não faziam nem metade, sempre a ouvi dizer. Para não falar do motorista, que só andava sentado, com a roda na mão, e servia à mesa, ou do jardineiro, que cuidava do jardim e nem entrava em casa. De portas para dentro, vocês não se podiam ver sem ela, dizia. Isso alegrava-a, e quando falava dos patrões sentia-se importante ela própria. De algum modo, também ela pertencia àquela casa e tinha orgulho nisso.

A senhora (isto é, a sua mãe), quando falava às amigas, dizia que a minha mãe era o seu braço direito. O que não deixava de ser curioso, eu achava, porque a senhora não fazia nada, nem com o braço direito nem com o esquerdo. A não ser pegar nos talheres à mesa, ou folhear revistas, sentada no sofá. A senhora apenas «destinava» (como então se dizia), isto é, dava ordens, cada dia, sobre o que devia ser feito.

Mesmo assim a minha mãe ficava orgulhosa por ser o seu braço direito, o que quer que isso significasse. Gostava da senhora e quando ela teve uma menina que se percebeu que ia ser atrasada, porque não era uma criança como as outras, choraram ambas como se a criança pertencesse às duas.

Na verdade a minha mãe não tinha a menor noção da diferença entre as classes. Ou melhor, percebia que havia patrões e criados, ricos e pobres, e sabia que estava entre os segundos.

No entanto, o mundo dela era antes de tudo constituído por pessoas, e, para ela, as pessoas não diferiam essencialmente umas das outras. A senhora era mais digna de lástima do que ela, porque era uma grande cruz ter uma filha como a Marianinha, enquanto que ela tinha um belo rapazinho como eu. Era verdade que o meu pai era um bêbado que lhe batia, e ela tinha-o deixado quando eu era muito pequeno. Mas o vosso tio Artur também era um bêbado, e o vosso primo Bernardo jogava o que tinha e o que não tinha no Casino, o que enchia de sobressaltos e de angústias a mãe dele, que era a vossa tia Madalena. E quando morreu o pai do senhor (portanto o seu avô) ninguém se entendia na família, por causa das partilhas, andaram em tribunais e advogados, deixaram de se falar e cortaram relações, fizeram desaparecer dinheiro, acções e obrigações, forjaram documentos e destruíram outros e por pouco não se mataram.

Vocês não eram felizes, suspirava a minha mãe. Esforçava-se por pôr ordem na casa, mas a desordem voltava sempre. A senhora levantava-se ao meio-dia, o se-nhor zangava-se com os meninos e gritava por tudo e por nada. Das poucas vezes que estava com eles, porque em geral só se encontravam à mesa. De resto, o se-nhor passava o tempo na fábrica, ou, se estava em casa, fechava-se no escritório e nunca brincava com os filhos. Exigia contudo de vocês e de todos na casa reverência e respeito – quase tanto como o que, segundo ele, se devia tributar ao regime.

Durante muito tempo pensei que o Regime era um homem. Mais tarde até achei que estava certo – o regime era um único homem, amigo do se-nhor, ou de quem o se-nhor era amigo, o que significava que nunca nada iria dar errado com a fábrica, como nada faltaria nunca lá em casa – os melhores açafates de fruta, os melhores peixes do mar, as maiores lebres e perdizes, os melhores camarões e lagostas, os carros mais recentes na garagem.

Mas vocês não eram felizes, dizia a minha mãe. Embora nunca se interrogasse se era feliz ela própria.

Eu também achava que vocês não eram felizes, e muitas vezes me perguntava porquê. Sobretudo no Verão. Passávamos sempre o Verão em São Martinho. Ou antes, até perto dos meus catorze anos, passei convosco as férias do Verão.

O senhor certamente está lembrado do Verão de São Martinho. A mim parecia-me tão importante que, durante alguns anos, pensei que os dias de Novembro, em que de novo o tempo aquecia e se comiam castanhas, se chamava «o Verão de São Martinho» em lembrança do outro, do que tínhamos vivido poucos meses antes, e tinha sido demasiado bom para logo desaparecer, sem deixar rasto. Assim, em Novembro vinham ainda aqueles dias de sol, que traziam lembranças da praia e prometiam, para daí a não muito tempo, a chegada de outro Verão. Que passaríamos, como todos os anteriores, em São Martinho.

Partia-se – ou antes, vocês partiam – de manhã, levando uma pequena parte da bagagem, no carro conduzido pelo Firmino. Eu tinha ido dois ou três dias antes, de comboio, com a minha mãe, as outras criadas e o grosso da bagagem, para «abrir a casa» e tudo estar limpo e arrumado quando vocês chegassem.

Devo dizer no entanto que para mim era um privilégio chegar primeiro. A minha mãe não me exigia nenhum trabalho doméstico, partilhava a convicção geral do país e das famílias de que esse tipo de afazeres era coisa de mulheres e dava-se por satisfeita com os meus bons resultados na escola e depois no liceu (aliás, gabava-se ela, muito melhores do que os que vocês conseguiam, apesar dos explicadores). Por isso, nesses dois ou três dias em que estava só, eu era dono de mim e do meu tempo – dono do sol, do mar, do vento, da praia.

Engolia à pressa o pequeno-almoço e saía cedo, logo na manhã do primeiro dia, para uma ronda de reconhecimento. Queria assegurar-me de que tudo lá estava, e de que o ano que passara não tinha trazido alterações à rua dos cafés e do casino, às salas escuras onde jogávamos bilhar e matraquilhos, às esplanadas com guarda-sóis, ao café de tábuas da praia.

Encontrar tudo igual (com pequenas diferenças, que me pareciam aliás bem-vindas, um café novo ali, uma janela pintada acolá, mais uma casa nesta rua ou naquela) dava-me uma enorme sensação de segurança, como saber que a Primavera se sucedia ao Inverno. Percorria as ruas como se fosse seu dono e andasse em terreno conquistado. Estava ali, vivo e respirando, e o Verão que se seguia, e duraria três meses, de Julho ao fim de Setembro, era meu.

No entanto esse ano ia ser diferente: era o meu último Verão em São Martinho, porque a sua mãe tinha falado com a minha. Eu ia fazer catorze anos em Novembro, e, no Verão seguinte, estaria na altura de começar a ter férias diferentes, com mais independência, disse a sua mãe. Talvez uma colónia de férias da Mocidade Portuguesa, o se-nhor ia recomendar-me, seria óptimo para mim, e já um treino antecipado para a vida militar, pois esse era o melhor dos futuros para quem não tinha outros recursos, o se-nhor poderia também recomendar-me, quando chegasse a altura.

A minha mãe ouvia sem comentários, pronta a aceitar esses argumentos como a voz da razão e da sabedoria.

Seria eu a perceber, e não ela, que o meu tempo convosco acabara. Até aí, visto de fora, eu podia ainda quase pertencer ao grupo. Usava as vossas roupas, apenas um pouco mais gastas, o que às vezes nem se notava, e tomava parte no dia-a-dia, piqueniques, banhos de mar, escalada das dunas de Salir, passeios a pé até ao Facho. Embora em certas ocasiões tivesse um papel determinado, como apanhar bolas de ténis, ir à amarração buscar o vosso barco *São Domingos* e ocupar-me pelo menos de um dos remos, enquanto vocês se revezavam a remar com o outro, levar o cesto mais pesado do piquenique, carregar o guarda-sol na praia e na hora de voltar para casa verificar se não ficavam espalhados na areia toalhas, fatos de banho, bolas, raquetes, *T-shirts* ou bonés. Tinha sido assim até então. Mas agora eu ia fazer catorze anos, vocês oscilavam entre os doze ou treze e os dezasseis ou dezassete, eram um enorme grupo de irmãos, primos e amigos, a fase dos namoros tinha começado e eu ficava deslocado no meio. Que fariam comigo, ou eu convosco? Nesta altura as regras do jogo eram outras, a vida tinha entrado numa nova fase, em que se formavam pares.

 Creio que foi nessa época que percebi que a propriedade, também neste contexto, era um factor determinante: as raparigas eram guardadas à vista pelas mães e pelo exército das tias, e havia a preocupação de que os rapazes não fizessem loucuras nas primeiras experiências sexuais. Soube, por exemplo, através das criadas e de meias palavras ouvidas aqui e ali entre os adultos, do tumulto que se gerou na família quando o seu primo José Franco desflorou uma menina sem posses, em Lisboa, e a família dela apareceu a queixar-se, porque havia testemunhas. Tinham acabado por livrar-se dela, mas não sem pagar uma indemnização à família, que ameaçava levar o caso a tribunal, porque a menina era menor e o seu primo, segundo corria, podia ser obrigado a casar. Desde então tinha-se arraigado ainda mais na família a ideia de que os rapazes eram presas fáceis para caçadoras de fortunas, e que era preciso estar constantemente alerta.

 Na verdade essa história com o seu primo José Franco acontecera um ou dois anos antes, e eu nunca mais tinha pensado nela. A vida corria como de costume, na casa de Verão de onde se avistava o mar, e onde no jardim jogávamos à malha, à sombra das palmeiras.

 Na varanda, tomando café, juntava-se o exército das tias, as mais velhas das quais, a sua tia Maria de Barros e a sua tia Lucinda, gostavam de recordar o tempo em que as criadas iam à praia levar o chá, servido num bule de prata. A sua tia Maria de Barros, a sua mãe, e as suas tias Leonor e Judite, jogavam depois do almoço uma partida de *bridge*, levando para a varanda a mesa de jogo forrada de camurça verde.

A sua tia Filomena não jogava *bridge* mas passava tardes inteiras a deitar cartas, noutra mesa de jogo. Para saber o futuro, respondia quando lhe perguntavam. Por vezes esse era também um divertimento, toda a gente queria saber o seu, ela deitava as cartas e as cartas respondiam. A carruagem, o mundo, o diabo, a sacerdotisa, o mago, a estrela.

O destino estava nas cartas?, perguntávamos. Não, dizia ela, o destino estava em nós, pelo menos até certo ponto. As cartas eram uma bússola, um indício. As mãos dela influíam no destino, podiam ao menos deslocá-lo um pouco – evitar, por exemplo, um acidente, puxando uma das cartas um pouco mais para um lado, sobre a mesa? Ela sorria, continuava a deitar as cartas com mãos brancas, de unhas pintadas de verniz transparente. Não, disse quando acabou de deitá-las, voltando para cima as palmas das mãos, agora vazias: ela não tocava no destino, ele apenas passava através dela.

Sorriu outra vez e continuou a deitar cartas, pelo Verão adiante.

O seu pai vinha aos fins-de-semana, o resto do tempo passava-o em Lisboa. Quando chegava, as refeições eram mais cuidadas, quase como se houvesse visitas. O seu pai gostava de souflé de peixe ou de lagosta, servido em conchas, que a sua tia Lucinda chamava *coquilles Saint Jacques*. A sua tia Maria de Barros lembrava-se de que em francês havia essa única palavra, Jacques, para significar Jaime e Tiago. E, por falar em concha, o seu tio Rodolfo lembrava-se de San Sebastian. O seu pai, e os outros tios, falavam de lugares, de viagens que já tinham feito ou gostariam fazer. E depois o café era servido na varanda.

Tudo estava portanto tranquilo e igual a sempre – quando, a meio do Verão, o senhor, que na altura tinha dezassete anos, engravidou Hélène.

Era o segundo Verão que ela passava em São Martinho, com o pai e um meio-irmão mais novo. O resto do ano vivia em Paris com a mãe, que era francesa. Já no Verão anterior vocês gostavam de ir para casa de Hélène. Por vezes levavam discos, que eu punha a tocar no *pick-up*, enquanto vocês dançavam.

A gravidez de Hélène, comentada à boca pequena entre a sua mãe e as tias, fez tremer a casa e recear a reacção do seu pai, quando chegasse. Embora Hélène fosse de boa família (apesar de não ser rica) e as boas famílias não fizessem escândalos, nem exigissem casamentos, nem indemnizações. Mesmo assim a sua mãe afligia-se, porque o seu pai ia sempre acusá-la, e às tias, de não saberem tomar conta de vocês, quando afinal não tinham outra coisa que fazer na vida.

Na verdade a reacção do seu pai foi pior do que todos esperávamos – e no fundo, esperávamos o pior. Mas nunca imaginámos que ele não deixasse o senhor sair de casa, todo o fim-de-semana, e no domingo à noite o levasse com ele para Lisboa. Sem direito a voltar, as férias tinham acabado para si. Até ao recomeço das aulas, iria com ele para a fábrica, ajudar a secretária na correspondência.

O que era, suspeito, ao mesmo tempo um castigo e um modo de o afastar de Hélène, esperando que a separação, o tempo, o senso comum, as convenções, ou a falta delas, resolvessem o resto. Como, provavelmente, aconteceu.

Lembro-me da sua aflição, nessa altura, por não poder sair de casa, nem falar com Hélène.

Mas o seu pai foi inflexível. Nenhum encontro mais.

Então, quando eu ia casualmente a passar no corredor, a porta do seu quarto entreabriu-se e o senhor disse-me, o mais baixo que pôde: vai levar esta carta a Hélène. Fechou a porta, sem me dar tempo a responder-lhe.

Meti a carta no bolso e saí, com o coração a bater. A primeira coisa que me ocorreu foi encontrar um alibi. Se alguém me perguntasse, diria que tinha ido à mercearia. Mas ninguém me iria perguntar, tranquilizei-me. Eu não estava proibido de sair de casa.

Desci a rua pensando no que o senhor diria na carta. Na verdade não conseguia imaginar se lhe juraria amor eterno, se procurava descartar-se de Hélène, ou se lhe propunha fugir com ela. Para Lisboa. Ou para Paris, quem sabe.

A minha curiosidade era imensa e estive quase a ceder ao desejo de abrir a carta e de a ler. Mas achei que não devia. O que quer que o senhor tivesse escrito, não me dizia respeito. Eu não podia ler aquela carta.

Mas podia – ocorreu-me de repente – não a entregar. Sim, isso era possível, pensei. Desde que a rasgasse, sem a ler.

Pareceu-me possível, e não desonroso. A ideia ganhou corpo e forma, e a cada passo que eu dava me parecia mais plausível. No fim da rua voltei à direita, segui até à rua principal, e, antes de cortar para a avenida, junto ao mar, a minha decisão estava tomada:

Rasguei a carta em vários pedaços, de modo a que ninguém pudesse lê-la, e deitei-a num recipiente de papéis. Depois dei meia volta, devagar, e voltei para casa.

Muitas vezes, mais tarde, me interroguei por que fiz isso. Encontrei sempre mil razões, todas elas convincentes, embora talvez nenhuma decisiva. No momento, pareceu-me um acto inteiramente livre, uma prova de que eu não era comandado por ninguém. O senhor tinha-me dado uma ordem – mas eu podia não a cumprir. O facto aliás de ser o senhor, ou outra pessoa, a dar-me a ordem, era irrelevante. Eu não estava às ordens de ninguém. De repente eu era muito poderoso, senti. Um gesto meu podia mudar alguma coisa no mundo.

O senhor certamente não verá na minha atitude mais do que vingança. Afinal era o meu último Verão em São Martinho, e eu tinha de morder a mão que me fechava essa porta, tinha de vingar-me, por uma vez, de todas as afrontas – do meu lugar subalterno, da minha exclusão no vosso grupo.

Penso que essa interpretação faz sentido. É possível também que o senhor atribua este incidente ao meu mau carácter, ou o veja como uma forma desastrada de dar expressão a uma luta entre as classes.

Acredito igualmente que está correcto, embora na altura

isso não me tenha ocorrido. Não tive consciência de que tinha o direito de decidir sobre os outros, do mesmo modo que os outros se arrogavam o direito de decidir sobre mim.

Mas creio que de facto tudo isso fez parte – vingança, mau carácter, luta de classes, o que quiser.

Sem excluir nenhuma dessas coisas, penso que houve no entanto ainda outros factores, porventura irracionais. Como a imagem da sua tia, sentada na varanda. Deitando cartas, sobre o pano verde da mesa. Não era claro, para mim, o papel do destino, em tudo isso. A sua tia dizia uma coisa e fazia outra, parecia-me. Para quê deitar cartas, se o destino estava em nós? Ou não estava?

No momento tive a sensação de que, pelo menos por alguns instantes, o destino – o nosso e o dos outros – estava em nós. Ou podia estar. Podíamos escolher. Eu escolhi, e rasguei a sua carta.

O senhor acha certamente tudo isto absurdo. Como é absurdo eu contar-lho agora, depois de todos estes anos. Tem razão. Muitas vezes pensei que um dia lhe contaria – mas outras tantas vezes afastei a ideia, e decidi que não o faria nunca. Provavelmente a segunda hipótese teria sido a razoável.

No entanto penso que o senhor tem direito a saber. Houve uma parte da sua vida a que até aqui o senhor não teve acesso. Talvez seja altura de o senhor saber disso.

É possível, como já disse, que saber ou não lhe seja indiferente – tudo isto se passou há muito tempo e não é remediável. Mas nada na vida é remediável, creio que ambos tivemos ocasião de aprender isso entretanto.

De qualquer modo, acho que a verdade é superior à ignorância ou à mentira, e que o senhor tem direito à verdade, sobretudo no que lhe diz respeito.

Gostaria no entanto que não interpretasse esta carta como uma confissão. Não estou à procura de perdão, porque nem sequer me sinto culpado, e também não estou a defender a minha inocência, que obviamente não existe.

Talvez o senhor pense que lhe escrevo por maldade pura. Está no seu direito de pensar o que quiser. O seu juízo sobre mim é-me indiferente. Tenho consciência de que me coloquei, ao escrever esta carta, sob uma luz odiosa. Mas tive apenas este intuito: devolver-lhe algo que guardei comigo, todos estes anos, e não me pertencia. Entrego-lhe assim o conhecimento desse facto: Hélène nunca recebeu a sua carta.

E agora que lho disse, não tenho mais nada a ver consigo. A última coisa que nos ligava era esse Verão, que, sem que o senhor soubesse, foi para nós ambos, por motivos diferentes, uma perda de inocência e um ponto de viragem. O tempo que se seguiu iria ser já outro.

Mas esse ponto em comum acaba com esta carta, que vou enviar-lhe agora. Uma vez escrita não me pertence mais, é propriedade sua, porque lhe diz respeito. Não posso destruí-la, rasgá-ou fingir que não existe.

Poderia não a ter escrito, e penso até que preferia não o ter feito. Mas, uma vez que escolhi escrevê-la, não posso voltar atrás.

O passo seguinte é deitá-la.

O LEITOR

Para o Manuel Gusmão

Sempre gostei de ler e nunca pensei que daí me pudesse vir algum mal.

Chegava a casa, atirava-me para cima da cama e mergulhava num livro. Sobretudo se era pelas duas da manhã, e eu tinha vindo do turno da noite. Começava a ler antes de me despir, de tomar um banho quente, de abrir o frigorífico. Essas coisas só faria mais tarde.

Ler era mais urgente do que tudo, varria-me o que trazia na cabeça – fadiga, preocupações, ansiedade, as coisas ruins do dia.

Frequentemente a vontade de saber o fim da história não me deixava parar antes da última página. Houve ocasiões em que adormeci de estômago vazio, vestido, sem tomar banho nem apagar a luz. O livro caía-me da mão, quando o sono me vencia.

Nessa época eu era maquinista. Durante várias horas diárias, cuja distribuição variava conforme os turnos, a minha vida era seguir linhas subterrâneas, entrando e saindo de túneis, ouvindo a fita magnética repetir incansavelmente o nome das estações e parando ao chegar às plataformas. Alguns segundos bastavam para as pessoas se precipitarem através das portas e o comboio ficar cheio, enquanto a estação se esvaziava, ou vice-versa. Era o momento de eu olhar de relance o espelho (que depois seria substituído por ecrãs de televisão) para controlar se ainda havia alguém entrando ou saindo, ou se as portas já tinham sido fechadas. Nesse caso metia novamente o comboio em marcha. Muitos não tinham conseguido apanhá--lo, embora estivessem já na plataforma, porque esta era demasiado longa para poder ser percorrida em poucos segundos, e os comboios não esperam.

Quando, na última carruagem, o factor accionava o comando e fechava as portas, os que ainda corriam perdiam a esperança de entrar. Tenho a certeza de que alguns terão pensado com raiva que era má vontade, que ele podia ter esperado dois segundos mais. E de facto, algumas vezes, creio que o terá feito.

Mas eu não tinha que me preocupar com isso. Bastava--me verificar que as portas estavam fechadas. Por esse motivo – para ter no retrovisor uma visão de todas as carruagens – devia parar sempre no topo da estação, junto do espelho rectangular da parede, e não no meio, como talvez parecesse mais lógico. Sobretudo aos que se irritavam por perderem o comboio, embora já estivessem na plataforma quando ele chegava.

No entanto, dentro de minutos, outro comboio vinha. Era essa, aliás, a vantagem do metro: havia sempre, logo a seguir, outro comboio, e portanto perder um era, a bem dizer, irrelevante. Muitas vezes me ocorreu que a vida deveria ser assim: com tantas oportunidades que não tivesse importância perder algumas.

Mas na vida, pelo contrário, não havia oportunidades. Bastava ver, por exemplo, o que se passava para arranjar emprego. Liam-se anúncios, colocavam-se anúncios, ia-se a entrevistas, e, para qualquer lado onde se concorresse, havia centenas ou milhares de candidatos. E os lugares eram poucos, por vezes só um.

No fim da entrevista diziam que telefonariam a comunicar o resultado. Ou que este seria negativo, se não se recebesse um telefonema, dentro de cinco ou oito dias. E depois não havia telefonema.

Fiquei por isso satisfeito quando consegui o emprego. Achei fácil, desde a formação inicial.

Nos primeiros dias, quase tive prazer. Era tudo simples, bem coordenado, eficiente.

Comecei como ajudante, passei a factor, e depois a maquinista. Sabia que com o tempo podia subir mais, chegar inclusive a chefe de estação, mas esse futuro sempre me pareceu remoto, ou pelo menos a uma distância considerável. Para já, contentava-me em ser maquinista.

Mas estou a afastar-me dos livros. Quais são os que prefiro? Policiais, claro, gosto sobretudo de policiais. De Agatha Christie, especialmente. Embora também leia outros, para dizer a verdade leio tudo o que encontro. Mas prefiro Agatha Christie. *Poirot Investiga, Crime no Vicariato, Cartas na Mesa, O Misterioso Senhor Quinn.* Por exemplo. Ou *O Mistério das Cartas Anónimas.* Ou *O Assassinato de Roger Ackroyd.*

Não há como os policiais para nos levarem para longe de onde estamos. Não é que eu não gostasse de ser maquinista. Mas é uma vida solitária, conduzir comboios. Está-se no meio de gente, mas sozinho, e quase não se fala com ninguém.

As pessoas correm no cais como formigas, provavelmente nem se vêem umas às outras, ou só de relance – também elas são apanhadas num mecanismo de movimentos alternados, correr-parar, sair-entrar, esvaziar-encher. Há uma certa cadência hipnótica nessa repetição de movimentos e na sucessão, sempre igual, das estações. Por vezes, nos turnos da noite, eu tinha medo de adormecer. Então pensava no que tinha lido na véspera, tentava desmontar a história do fim para o princípio, e verificar que tudo encaixava e não faltavam nem sobravam peças. Colocava-me no papel de Poirot

(Próxima Estação: Marquês de Pombal)

e conduzia as investigações: quais eram os alibis das personagens, quem tinha sido a última pessoa a ver o morto com vida, e a que horas, a quem aproveitaria o crime.

Uma coisa levaria a outra, sem rupturas. Sem saltar

capítulos nem páginas. Eu tinha feito aquele caminho milímetro a milímetro, os olhos deslizando sobre as linhas do livro, como um bicho lento e voraz.

Também agora o comboio deslizava nas linhas, devorava-as com os seus grandes olhos acesos. Como um bicho rápido e voraz. Tinha de seguir toda a extensão do percurso, não podia saltar desta linha para aquela, passar do Cais do Sodré directamente para a Bela Vista, ou voar do Campo Pequeno à Pontinha. Seguia, obedientemente, a linha verde, a vermelha, a azul ou a amarela. Conforme os dias. Ou os turnos. Hoje era a azul.

(Próxima Estação: Jardim Zoológico)

Houve uma noite em que sonhei que descia no Jardim Zoológico e abria as jaulas. Deixava uma girafa no Parque e punha o leão a comer as laranjas, debaixo das Laranjeiras. Embora no sonho o facto de o leão comer laranjas me parecesse absurdo.

Não era só eu que estava preso às linhas. Também as pessoas que corriam nas plataformas estavam presas a determinadas estações, em determinadas linhas. Corriam da estação onde moravam para a estação onde trabalhavam, e vice-versa (e isso era já uma sorte, porque havia quem ainda tivesse, além disso, de apanhar dois autocarros, um comboio suburbano ou o barco para a margem sul).

(Próxima Estação: Laranjeiras)

Mas era assim: não se podia morar na Baixa-Chiado, se se morava na Pontinha. Cada pessoa tinha o seu lugar, e o seu percurso. Aparentemente podiam entrar e sair onde quisessem, em todas as estações de todas as linhas – mas só aparentemente. A bem dizer, só nos passeios de domingo. Durante a semana as pessoas tinham percursos fixos, a que não podiam escapar.

Por falar em passeios de domingo, eu procurava sempre sítios altos, com amplas vistas. Miradouros, por exemplo. Santa Luzia, Santa Catarina, São Pedro de Alcântara, Castelo. Ou ia de barco atravessar o rio.

Tinha um grande desejo de ar e de luz, o que é compreensível. À força de viver soterrado, debaixo das luzes do néon, iguais de dia e de noite, a superfície ganhava contornos prodigiosos. Pensava em lojas brilhantes, vitrinas enfeitadas, objectos que se ofereciam ao olhar de quem passava; pensava nas ruas debaixo da chuva, nos cafés cheios, no cheiro bom do café

(Próxima Estação: Alto dos Moinhos)

nos cigarros que se acendiam (uma das coisas que mais me custava no trabalho era a proibição de fumar).

As ruas à chuva. Também nos livros de Agatha Christie muitas vezes chovia. Não, eu nunca tinha ido a Inglaterra. Gostaria de ver Londres, mas também gostaria de ver o campo, sempre ouvira gabar o campo inglês.

Agatha Christie também devia gostar do campo, porque a maior parte dos seus livros se passa em pequenas localidades provincianas, onde todas as pessoas se conhecem, têm estas profissões ou aquelas, estes hábitos, defeitos, virtudes e tiques, moram em casas com jardim, têm determinado tipo de cortinas, mobílias de estilo ou móveis antiquados, e muitas vezes chuva nas janelas.

À primeira vista tudo aquilo nos é familiar, porque as personagens são iguais a qualquer pessoa,

(Próxima Estação: Colégio Militar)

parecem-se connosco ou com alguém que conhecemos, e por isso são-nos simpáticas.

Em geral, julgo que não há pobres, ou não propriamente. (Verificar melhor, mas não me lembro de encontrar pobres.) Mas há os ricos, isso sim, e esses vivem cheios de conforto. Em *Roger Ackroyd,* por exemplo, há uma série de criados para umas cinco pessoas. Senão vejamos: a criada Elisa, a cozinheira, a segunda criada, a criada de cozinha, a criada russa, e Parker, o mordomo. Portanto seis, nada menos do que seis criados. Além do secretário. O que se chama viver bem, não pode haver duas opiniões sobre isso.

Mas a seguir verifica-se que este pequeno mundo, ao contrário do que parece, não é acolhedor nem seguro.

(Próxima Estação: Carnide)

As pessoas têm histórias, culpas, terrores, vícios secretos. Todas elas escondem qualquer coisa. A criada de mesa, Ursula Bourne, é a mulher de Ralph Paton, que parece ser o assassino, mas não é. A governanta solteirona, miss Russel, afinal tem um filho, toxicodependente. Flora não é namorada de Ralph Paton, mas do major Hector Blunt. O homem que cultiva abóboras afinal não é um cultivador de abóboras

(Próxima Estação: Pontinha)

é o detective Hercule Poirot.

(Estação terminal. Mais uma vez. E agora o mesmo percurso, em sentido inverso.)

O que me irrita nos policiais (porque a verdade é que também me irritam) é que o autor nunca dá ao leitor todas as cartas, esconde sempre algumas na manga. Nunca consegui descobrir o assassino, mas não posso dizer que a culpa seja minha.

Em *Roger Ackroyd*, por exemplo, o autor diverte-se a gozar o leitor. Finge-se de cúmplice, dá-lhe inclusive um mapa da casa, do terraço e do jardim, e depois, como se não bastasse, fornece-lhe ainda um segundo mapa, desta vez da sala. O leitor, é claro, faz figura de estúpido e não descobre nada, apesar dos mapas.

Mas o mordomo verifica que uma cadeira está fora do lugar habitual.

(Próxima Estação: Carnide)

Essa será a primeira ponta solta, a partir da qual Poirot começará a tirar as consequências.

No fim ele encena o crime, reconstitui a cena. As personagens são empurradas para uma sala, de onde não podem sair sem que a verdade se esclareça. Entre elas, na sala-ratoeira, está o criminoso. Falta apenas chegar perto e tirar-lhe a máscara.

E então vemos, de rosto descoberto, o homem que matou.
(Próxima Estação: Colégio Militar)

Não é um rosto hediondo, quase sempre nos continua a ser familiar. Como no caso de *Ackroyd*, em que é enorme o efeito de surpresa: ninguém ia nunca pensar que o assassino é o médico simpático, que conta a história, e no entanto, desde o princípio, está a mentir. Sem que ninguém suspeite, evidentemente.

A verdade é reposta e o jogo acaba. Temos a sensação de que se restabeleceu a ordem, das coisas e do mundo. Os inocentes são recompensados e os culpados recebem o castigo.

Um jogo infantil. A vida
(Próxima Estação: Alto dos Moinhos)
não é exactamente assim. Estes livros são muito moralistas, apesar dos cadáveres e dos crimes.

Mas não deixamos de jogar o jogo, só porque o achamos infantil. É um passatempo, mas também os passatempos são terrivelmente sérios para quem os pratica, isto é, os ociosos e os ricos. Todos gostaríamos de ser ociosos e ricos e de poder gozar os passatempos.

Ler é uma excelente forma de passar o tempo, sempre achei. Na última página fico do lado dos inocentes e felizes. A história acabou e tive a satisfação da curiosidade satisfeita, porque fiquei a saber tudo. Ponto final. Posso passar a outro livro, outra aventura.

(Próxima Estação: Laranjeiras)

Pensei estas coisas e outras, um dia e outro dia, enquanto as estações se sucediam, e o comboio deslizava sobre as linhas.

E assim poderia ter continuado, se de repente não me assaltasse a ideia de que podia trazer um livro, abri-lo no *tablier* ou sobre os joelhos, e ir lendo, um instante aqui e outro ali, quando o comboio parava. Com o auxílio de uma pequena pilha, se a luz da cabina e da estação não fosse suficiente.

Foi esta ambição que me perdeu. A princípio tudo ia bem, cheguei a ler vários livros deste modo, aproveitando todos os segundos, nas paragens. Mas depois isso não me pareceu suficiente para a minha fome de leitura, e experimentei continuar a ler dentro do túnel, depois de pôr de novo o comboio em marcha. Era perfeitamente possível, verifiquei com surpresa e regozijo, porque grande parte da condução era automatizada.

Nessa altura senti-me no melhor dos mundos e felicitei-me por ser tão inteligente. Conseguia fazer o que mais gostava, dedicar-me a um passatempo nas horas de trabalho, e para cúmulo ainda era pago para isso.

Podia não ter seis criados, como Roger Ackroyd, mas a minha situação não era menos invejável. Com a vantagem de eu não ser candidato a cadáver.

Estava longe de imaginar todavia que podia ser apanhado. Como o assassino. E na verdade pouco faltou para que me considerassem como tal.

O que nunca julguei possível, porque eu tomava todas as precauções para que nada pudesse acontecer e ninguém corresse nenhum risco. Embrenhava-me na leitura, mas não perdia a noção da realidade em volta. Estava perfeitamente atento às estações, à entrada e saída das pessoas, ao momento em que o factor fechava as portas. Controlava tudo, ao milímetro, no espelho.

O que falhou então? Uma coisa mínima, ridícula: A fita magnética descontrolou-se e ficou uma estação atrasada. Anunciava por exemplo «Próxima Estação: Arroios» quando chegávamos aos Anjos, ou «Próxima Estação: Intendente» quando íamos a chegar ao Martim Moniz.

Não dei conta, embrenhado na leitura não ouvia a voz da gravação. Concentrava-me nas linhas, do livro e do comboio, atento à circulação no sentido certo, evitando tudo o que pudesse prejudicar ou atrasar a marcha. Todo eu era olhos, e esqueci os ouvidos, ou eles esqueceram-se de mim e abandonaram-me.

Foi esse pormenor que me perdeu. Os passageiros claro que se aperceberam da dessincronização da fita, mas ninguém se preocupou minimamente com isso. Ninguém foi burro de sair na estação errada, de acreditar que estava no Martim Moniz, se lá fora, na parede, estava escrito Rossio. Ninguém se incomodou – excepto um dos passageiros, que se fixou nesse detalhe e veio até à cabina onde eu estava, para me avisar do descontrole da fita.

Imagino que abriu a boca, certamente para dizer isso, mas não disse nada, ficou de boca aberta, do lado de lá do vidro, a olhar para mim e para o livro que eu tinha aberto em frente.

Deduzi isso, e também que a seguir foi participar ao chefe da estação, porque fui apanhado em flagrante com o livro, na estação seguinte. Tentei escondê-lo, obviamente, mas não o podia fazer desaparecer. Ali estávamos, portanto, na cabina-ratoeira, eu e o corpo de delito.

Perdi o emprego e, segundo parece, ainda tive sorte de não ter sido julgado por pôr em risco a vida alheia, e ser considerado candidato a homicida. O que, segundo ouvi, só não aconteceu para não dar má imagem da empresa, e a administração do Metro não poder ser acusada de negligência, na escolha e no controle dos funcionários.

De um instante para o outro, fiquei na rua. Desde então, e já lá vão muitos meses, estou à procura de outro emprego, que cada vez parece mais difícil de conseguir, à medida que o tempo passa.

Aparentemente, agora teria muito tempo para ler. No entanto tudo o que leio são anúncios – essa preocupação, e a ida a algumas entrevistas que terminam sempre em exclusões, ocupa-me os dias.

No entanto, mesmo que tivesse muito tempo para mim, não sei se leria como antes. Embora me envergonhe de o dizer, tenho uma saudade imensa de ler na cabina de maquinista. Não porque quisesse pôr em risco a vida de ninguém, mas porque lá dentro tudo se ajustava tão perfeitamente. No comboio e no livro, as linhas eram de certo modo paralelas. Ler também era seguir assim, por um túnel escuro, e chegar, de quando em quando, a uma plataforma iluminada.